教育業界への転職のポイントがわかる本

佐久間 健光 著

目　次

Chapter 2　教育業界で働く　　37

Section 1　教育業界の仕事　　38

Section 2　教育業界で働く選択肢　　43

Section 3　教育業界の企業　　45

Section 4　教育業界の年収　　46

はじめに

「日本の教育は遅れている。」

「日本の教育は変化していない」

「50年前の医者を現代の手術室につれていくと何もできないが、50年前の教員を教壇に立たせれば、変わらずに授業ができる」などと揶揄されることもあります。

こういった話を聞いてどう思うでしょうか「そのとおりだ！」と感じる方もいるでしょうし、「いやいやそんなことはない！教育も変化している」と思われる方もいるでしょう。日本人のほぼ全員が義務教育を受けているので、教育制度や教育方法については、全員が体験に基づいて評論できます。その意味で教育は、「国民総評論家」になれるテーマとも言われます。

全員が体験しているとはいえ、実際は、地域や年代、学校ごと、細かく言えばクラスごとで各々の経験は異なります。その結果、同じトピックについて話をしていても、前提条件が揃わないので、ほとんどの場合、議論がかみ合いません。

ただ、経験に個人差はあれど、「教育制度は何かがおかしい」「変化する必要がある」と思われている方は多いのではないでしょうか。問題意識はなかったけれども、自分が親になって、子供を育てる立場に立って問題意識を持つようになる方も多いようです。

大学入試の改革、教育指導要領の改定、EdTechと呼ばれるテクノロジーを用いた教育領域の変化はもともと注目されていましたが、2020年に猛威を奮っているコロナウィルスの影響もあり、学校現場はオンラインでの授業が導入されたりと急速に変化しています。皮肉にもこうした危機をきっかけに、急速に教育領域は大きく変わろうとしているのです。

本書は、教育の仕組みや環境をより良くしたいと考えている方に向け

て、「評論・評価する側ではなく、教育を良くする側になる」つまり、「教育業界に貢献する一員として働くこと」を考えてもらうために書きました。

自己紹介

　申し遅れましたが、私は、株式会社ファンオブライフ代表取締役の佐久間健光と申します。私の経営するファンオブライフは、2015年に創業した会社で、教育業界専門の転職エージェント「Education Career」、教育とテクノロジーをテーマにしたニュースメディア「EdTech Media」を運営しています。

　学生時代は、埼玉の個人で経営されている塾で塾講師を4年間、家庭教師で2名の指導を2年間、教材の出版社での学習サポートのアルバイトも3年ほど経験していました。

　元々、教育領域での仕事に関心は高かったのですが、学習塾の講師経験で自分の教えられる経験の狭さを実感し、まずはビジネスの領域で経験をつもうと、就職活動では新規事業を積極的に行っていて、早期に裁量ある立場で経験を積めるような企業を受けていました。

　新卒で株式会社リクルートに入社し、人材領域の営業、ブライダル領域での営業や商品企画・事業開発を経て、退職前の数年は、オンライン学習サービスの「スタディサプリ」の事業開発（現在のスタディサプリEnglish）に従事していました。

　また、企業経営のかたわら、2018年4月から早稲田大学経営管理研究科に入学し、2020年3月に修了しています。近年注目されている、社会人の学び直しも経験しています。

教育業界専門の転職エージェントEducation Career

教育とテクノロジー領域のニュースメディア「EdTech Media」

教育業界専門の転職エージェント「Education Career」

　簡単に経歴を話しましたが、なぜ教育業界専門の転職エージェント「Education Career」を始めたかについてもお話をさせてください。

● 副業として始めたメディア「EdTech Media」

　起業する前の、リクルートで働いているときに、副業として、教育×テクノロジーをテーマにしたニュースメディア「EdTech Media」の運営をはじめました。2012年のことです。

　当時、自分自身の英語学習が、オンライン英会話や、語学関連のアプリによって、以前よりはるかに簡単になっていることに驚きを感じていましたし、ワクワク感を抱いていました。

　例えば、オンライン英会話の仕組みが学校に入っていったら、世の中は大きく変わるだろうななど色々な妄想をしていました。

　中高生の自分が、世界の人とマンツーマンでじっくり話す機会があるなんて想像だにしないことでした。私が中高生だった2000年前後はコスト的にも技術的にも難しいことでしたが、今はその難易度もかなり下がっています。

　すべての生徒に変化があるとは思いませんが、そういう体験や経験の中から世界で活躍する人材が出るきっかけになるんじゃないかと思っていました。

　他にも、当時MOOCsと呼ばれる新たなサービスが話題になっていて、大きく教育の形が変わっていっていくだろうと思っていました。しかし、こうした動きをインプットできる情報源が充実していませんでした。それならばと思い、自分で見よう見まねでニュースメディア「EdTech Media」を作りはじめました。

時流も味方し、徐々に読んでいただける方が増え、教育領域で働く人やベンチャー、スタートアップとのつながりも増えて行きました。

教育業界の人的課題

EdTech Mediaを運営する中で、日本の多くのスタートアップやベンチャー、教育関連企業の方々にお話を伺いました。

教育のオンライン化が進んでいくことは間違いないと思っていましたが、事業やサービスを成長させる、ひいては教育業界をより良くするには「人」の存在が不可欠で、そこには不足があると感じていました。

教育に知見がある方はビジネスやエンジニアリングに弱く、ビジネスやエンジニアリングに強い方は教育における知見が弱く、テクノロジーの導入が進まなかったり、現実に合わないサービスができてしまっていたりという問題が起きているのを見聞きしていました。

より良いWebサービスやアプリの開発には、いいエンジニアやデザイナーが必要ですし、学校現場に商品を提供していくには、学校の市場に豊富なネットワークをお持ちの方や、学校へのマーケティング経験のある方が必要です。オンラインでの商品企画にはネット系の事業会社で豊富な経験をもっているかたがいるとサービスの仕上がり・成長が大きく異なります。また一方で、ベンチャーやスタートアップ、教育系の事業に参入した企業は学校現場に詳しくなかったり、教育分野にネットワークを持っていないことが少なくありません。教育現場にいらっしゃる先生方や、塾の講師の方々でも、より良い教育環境を作りたいと考えている方が多いのも知っていました。

こうした教育産業における人材の課題を、人材の流動性を高めることで解決できないかなと考えました。アメリカの教育系の企業では多くの元先生や教員が、働いていることも聞いていました。当時はそういった方々が、教育関連の産業でのキャリアに興味があっても、なかなかマッ

チングを行える場がありませんでした。

　そこで、教育業界専門の転職エージェントである「Education Career」
を通じて、教育産業の人材の流動性を高め、教育業界をより良くできな
いかと思い、サービスを開始することにしました。元々運営している
「EdTech Media」で教育分野に関心のある人や関心を持ちうる人に情
報を届けたい思いもあります。

　よく誤解されるのですが、教育といっても学校への教員の転職を支援
しているわけではなく（一部ありますが）、教育業界の企業を志望する
転職希望者の方の支援、教育業界で事業を行う企業（学習塾・予備校・
各種スクール・eラーニング・研修会社等）の中途採用の支援を行って
います。

　採用の支援を行っている企業も大手の学習塾や予備校、誰もが知るよ
うな通信教育会社、英会話スクールから、知名度はないが業界で独自の
地位を築く優良企業、勢いのあるベンチャー・スタートアップなど様々
です。

　募集している職種も多様です。何かを教える先生や、講師などはもち
ろん、営業やマーケティング、教材やカリキュラムを企画したり開発し
たりする方、Webサービスやアプリを開発するエンジニアやディレク
ター、デザイナー、また教育関連の企業でもバックオフィス部門はある
ので、経理や財務、法務、人事など多くの職種を取り扱っています。

　日本を代表する教育関連企業へ転職していく方、有名学習塾や予備校
へ転身される方、注目のベンチャー・スタートアップに転職される方な
ど多くの実績を残しています。異業界で活躍されていた方や同業界で働
いていながら次の機会を模索されていた方、教員の方など様々な経歴の
方がいらっしゃいます。とはいえ、まだまだ、当初考えていたことが実
現できているわけではないので、より影響力を大きくしたいと考えてい
ます。

本書で伝えたいこと

　冒頭に述べたように、「教育」に関心のある人は非常に多く、転職や仕事を考える際に、教育に関わる事業に興味を持つ人も多いです。しかし、学校の教員や塾講師のような仕事のみをイメージし、選択肢から除外してしまう方が多いのも現実です。また、給与などの条件も恵まれていないとイメージを持たれてしまうこともあります。

　もちろん教育業界ならではの「教える仕事」も多くありますが、実際は、専門性の高い管理部門や、法人営業の経験などの、他業界で培った経験やスキルが活きる機会も多くあります。そしてそうした仕事は決して他業界と比較して悪い条件なわけではありません。

　本書では、教育業界でのキャリアに関心のある人に向けて、教育業界の現状や進行形で起きていること、変化のトレンドなどをお伝えし、実際に働く場合にどんな企業や職種があるのかをまとめています。また転職サイトの運営、転職エージェントとして転職の支援を行っているので、転職活動の方法やコツに関してもまとめています。「評論・評価する側ではなく、教育を良くする側になる」つまり、「教育業界に貢献する一員として働くこと」を考えてもらうための本です。

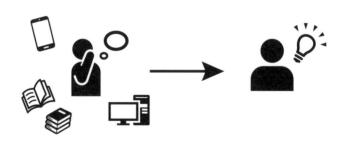

教育業界のトレンドや情報、働く場合の企業や職種を知る➡
教育を「評論・評価する側」から➡「教育業界に貢献する一員」にかわる

教育業界の現状

　はじめに教育業界の現状について紹介したいと思います。「教育」というと学校や予備校、学習塾などご自身の通った施設を思い浮かべる方が多いと思いますが、学校や学習塾以外にも様々な市場があり、教育に関連する市場は様々な選択肢があると理解いただけると思います。

Section 1

教育業界の市場

　株式会社矢野経済研究所によると、教育産業は、「学習指導市場」「通信教育・学習教材市場」「資格取得学校市場」「語学スクール・教室市場」「幼児教育市場」「企業向け研修サービス市場」「ｅラーニング・映像教育市場」「学習参考書・教科書市場」の８市場に分類が可能であるとしています。この教育産業の市場規模は、2019年で２兆6,968億円です。ほぼ横ばいから微増で推移しています。多くの分野が横ばいで推移しているものの、「ｅラーニング・映像教育市場」は2015年の1,657億円から2019年の2,279億円と、プラス37.5％と大きく成長しています（2019年版『教育産業白書』）。一方で、近年落ち込みが激しい領域は家庭教師派遣事業です。

教育業界最大の市場は学習指導市場

2兆円を超える市場の約4割を学習指導（学習塾・予備校・家庭教師）が占めています。学習塾・予備校市場は約9,700億円で、緩やかな増加傾向が続いています（2019年版 教育産業白書）。業態としては、長らく集団指導形式の塾のシェアが低下し、個別指導の学習塾がシェアを伸ばしています。

近年では、授業そのものではなく、学習計画の立案、実行のサポートを徹底的に行うコーチングに注力するタイプの学習塾も躍進しています。また、新型コロナの影響もあり、授業をオンラインで配信するタイプのサービスが伸びています。学習塾は大手同士の合併、フランチャイズ本部によるフランチャイザーの買収など、業界再編が進んでいます。

企業向け研修が2番目に大きい市場

2番目に大きい市場は、企業向け研修サービスです。好景気には伸びやすい市場のため、近年では規模が拡大していました。他領域に比べ規模は大きくないものの、Eラーニング・映像教育市場は最も成長率が高い分野です。中でも法人向けサービスの領域での伸びが大きくなっています。まだ最新の調査結果は出ていませんが、2020年は新型コロナの影響もあり、大きな市場の変化があると予想されます。新型コロナの感染拡大をきっかけに進んでいなかったオンライン教育・映像授業などがより伸び、リアルの場で行う教育関連市場は苦戦が予想されます。

公教育の予算は毎年約23兆円で推移

　前述した教育業界は、いわゆる学校教育とは別の、民間が運営する教育関連ビジネスということができます。義務教育や国公立の高校・大学に関連する予算（文教費総額）は規模が桁違いです。国と地方を合わせた学校教育等に関する公教育の予算は、毎年約23兆円前後で推移しています（経済産業省資料「国・地方における教育関係予算（文教費）について」）。文教費総額とは、学校教育、社会教育（体育・文化関係、文化財保護を含む）および教育行政のために国および地方公共団体が支出した総額（文部科学省所管の一般会計歳出決算額を含む）の純計を指します。

　こうした文教費の予算がどのように振り分けられるかは、教育に関連する政策の方針は教育関連事業者にとって非常に重要です。また文部科学省の方針、入試制度の変更などによって、指導内容、提供するサービスも変更が必要になるため、常に公教育の動向が重要になります。例えば、実際に学校教育でプログラミング教育の導入が決まったあとには多くの事業者がプログラミング教育の市場に参入し、競争が激化しています。GMOメディアと船井総合研究所が共同で実施した「2020年 子ども向けプログラミング教育市場調査」によると、子ども向けプログラミング教育市場は2019年が114億2,000万円、2020年は139億9,600万円と予測しており、前年比123％の高い伸びが見込まれています。

Section 2

教育業界で押さえるべきトピック

　「はじめに」で書いたように、教育現場は変わっていないと揶揄されることがあります。

　しかし、実際、教育現場を取り巻く環境は変化しており、長らく課題となっているもの、トレンドとして押さえておきたいトピックが数多くあります。

　ここでは、教育業界でのキャリアを考えるにあたって知っておきたい、トピックを簡単にまとめています。それぞれのトピックは深掘りすると、一冊の本にできるような内容なので、ご興味ある方は、他の書籍などを読んでいただくと良いでしょう。巻末に参考文献を紹介しています。

教育格差

1 日本国内の教育格差

　教育関連のトピックで避けて通れないものが、教育格差の問題です。そのなかでも最も語られることが多いのが、親の経済力による教育格差です。

　2018年に厚生労働省が行った調査によると、日本の子供（17歳以下）の貧困率は13.5％でした。実に日本の7人に1人が相対的貧困状態にあることを示しています（厚生労働省「2019年 国民生活基礎調査の概況」）。OECDのレポートでも、日本の貧困率は先進国34カ国中10番目と高い水準にあることが明らかになっています。子どもの貧困というと、途上国や他の国の話とイメージされる方もいらっしゃるかもしれませんが、日本においても子供の貧困の問題は現実的なものとなっています。

　こうした子供の貧困は、子供の学力に大きな影響を与えます。全国学力テストで行われている結果を分析すると世帯年収の多い家庭と少ない家庭では結果に大きな差が生まれており、家庭の経済格差が、学力格差につながっています。

　現代では、学習塾に通う子供も多く、文部科学省が行っている「子供の学習費調査」によると、教育費用のうちおよそ7割を学校外教育費が占めています。学校外教育費とは、学習塾や様々な習い事にかかる費用を指しており、親の経済力によって学習機会や文化活動、余暇の活動に差がつくことになります。こうした学習機会がなくなることで、子供の学力低下や低学歴につながり、新たな経済的貧困を生み出します。親の経済的貧困が子供の経済的貧困につながり世代を超えて連鎖することを指します。

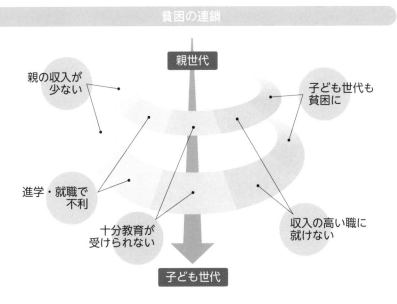

（出典：NPO法人キッズドア資料を元に作成）

　また、生まれた地域による格差、IT・デジタルに関するリテラシーによる格差、学習意欲による格差など様々な視点での教育格差の問題が存在します。

　こうした格差問題に対して、テクノロジーを活用して安価な学習サービス・学習機会を提供したり、今までにないアプローチで問題を解決しようとする企業やNPOなども増えています。

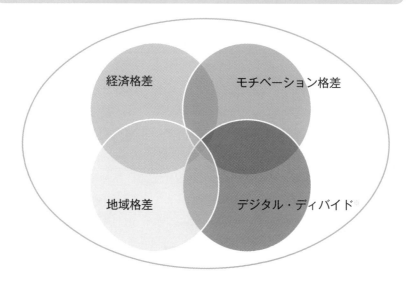

様々な教育格差

経済格差

モチベーション格差

地域格差

デジタル・ディバイド

※インターネットやパソコン等の情報通信技術を利用できる者と利用できない者との
間に生じる格差

2 世界の教育格差

　また日本国内だけでなく、世界的に見ても教育格差の問題は存在します。

　世界には学校に行けない子供が多く存在し、文字の読み書きができない人も多くいます。国や文化によっては、女性には教育の機会が与えられない、教育を受ける機会が重要視されていないこともあります。戦争や紛争などの事情で教育機会が奪われることもあります。

　また、日本のような先進国でも教育格差の問題は存在しており、世界的に問題視されています。米国では大学にかかる費用が高騰し、学生のローン負担が重すぎることなどが社会問題になっています。

　大和総研によると、米国の家計負債は、リーマン・ショックが起こった2008年の7－9月期が最大で、その後、約5年間にわたって減少を

続けました。しかし、2013年には再び増加に転じ、2017年7‐9月期に約12兆9,600億ドルと過去最大に達しました。学生ローンと自動車ローンの大幅な増加が、家計負債全体を大きく押し上げており、特に、学生ローンが米国の家計負債の中で唯一増加し続け、住宅ローンに次ぐ負債額に膨れ上がりました。

　学生ローンの借り手と負債額は年々増加しており、特にここ10年ほどで著しく増加し、過去最大の水準となりました。学生ローンの借り手は約4,000万人とされており、負債額は2008年7‐9月期の約6,100億ドルから、2017年7‐9月期には約1兆3,600億ドルに増加しました。連邦政府の2017会計年度予算における歳入が3.3兆ドル、歳出が4兆ドルであったことからも、学生ローンの大きさを推し測ることができます（大和総研「米国における学生ローンの現状と危機」2017年12月28日）。

● 少子化

　日本の出生数は年々減少しており、2019年には過去最低の86万5,234人となっています。65歳以上の人口は増加の一途をたどり、一方で15歳未満の人口は年々減少が予測されています。総務省は毎年4月1日現在の15歳未満人口を推計し公表しています。2020年4月1日現在の15歳未満人口は1,512万人で39年連続の減少となっています。また、総人口に占める15歳未満の割合は12.0％で、これは46年連続の低下となっています（総務省「我が国のこどもの数」令和2年5月4日）。

　こうした少子化は、労働力供給の減少につながり、労働生産性の抑制につながると言われています。また労働世代ではない高齢者が増え、現役世代が減少することで、現役世代の社会保障の負担が重くなることも問題となっています。こうしたことは日本経済全体に大きな影響を与えます。

　教育業界は、こうした日本経済全体のインパクトはもちろん、サービスの対象者となる子供が減少することで、市場の規模が縮小されることが予想されます。内閣府の「令和2年版 少子化社会対策白書」によると、2019年時点で日本の0〜14歳人口は約1521万人ですが、2025年には1,407万人、2035年には1,246万人に減少すると予測されています。2020年から2025年の5年で約5%、さらに次の2025年から2035年の10年で10%以上、顧客がそもそも少なくなっていきます。

　そうした状況では、今までと同じシェアを確保するだけでは、売上は下がり経営は困難になります。

 少子化対策で進む新領域の進出やM&A

　こうした少子化による影響を見据え、既存の教育事業者は、同業者やベンチャー企業のM&A、新たな領域や海外への進出など対策を行っています。プログラミング教育などの今後拡大が予想される分野への進出や、同業他社などの買収、アジアなどへの事業展開など積極的に行っています。

学習指導要領の改訂

　学習指導要領とは、各学校で教育課程（カリキュラム）を編成する際の基準のことです。

　日本全国のどの地域でも一定の水準の教育を受けられるようにするために、文部科学省が学校教育法等に基づいて定めています。学習指導要領は小学校、中学校、高等学校等ごとに、それぞれの教科等の目標や大まかな教育内容、指導方法の要点を示します。

　各学校はこの学習指導要領や年間の標準授業時数等を踏まえて、地域や学校の実態に応じて教育課程（カリキュラム）を編成します。

　また、小学校、中学校、高等学校の教科書はこの学習指導要領に倣って作成されています。

学習指導要領の変遷

1958〜1960（昭和33〜35）年改訂

狙い	系統的な学習を重視し、教育課程の基準としての性格の明確化
学習指導要領の特徴	道徳の時間の新設、基礎学力の充実、科学技術教育の向上等

1968〜1970（昭和43〜45）年改訂

狙い	教育内容の一層の向上（教育内容の現代化）
学習指導要領の特徴	時代の進展に対応した教育内容の導入、算数における集合の導入等

1977・1978（昭和52・53）年改訂

狙い	ゆとりのある充実した学校生活の実現、学習負担の適正化
学習指導要領の特徴	各教科等の目標・内容を中核的事項にしぼる

1989（平成元)年改訂

狙い	社会の変化に自ら対応できる心豊かな人間の育成
学習指導要領の特徴	生活科の新設、道徳教育の充実、高等学校家庭科の男女必修化等

1998・1999（平成10・11)年改訂

狙い	基礎・基本を確実に身に付けさせ、自ら学び自ら考える力などの「生きる力」の育成
学習指導要領の特徴	教育内容の厳選、「総合的な学習の時間」の新設、情報科の高等学校での導入等

2003年（平成15)年一部改正

狙い	学習指導要領のねらいの一層の実現
学習指導要領の特徴	小学校の習熟度別指導の記述追加、小・中学校の補充・発展学習の記述追加

2008・2009（平成20・21)年改訂

狙い	「生きる力」の育成、基礎的・基本的な知識・技能の習得、思考力・判断力・表現力の育成のバランス
学習指導要領の特徴	授業時間数の増加、指導内容の充実、小学校外国語活動の導入

2015（平成27)年一部改正

狙い	答えが一つではない課題に子どもたちが向き合い、考え、議論する教育への転換
学習指導要領の特徴	道徳の「特別の教科」化

2018・2019（平成30・31)年の学習指導要領改訂

狙い	育成すべき資質・能力の３つの柱である「知識及び技能」，「思考力，判断力，表現力等」，「学びに向かう力、人間性等」の養成
学習指導要領の特徴	小学校の外国語教育、「公共」の導入、アクティブ・ラーニングの導入、各学校でのカリキュラム・マネジメントの導入

　2018・2019年の改訂で生まれた新しい学習指導要領の考え方を図示すると次のとおりとなります。

（出典：文部科学省　https://www.mext.go.jp/a_menu/shotou/new-cs/__icsFiles/
afieldfile/2017/09/28/1396716_1.pdf)

　この新しい学習指導要領に取り入れられた「生きる力」には以下の5つのポイントがあります。これを順に解説していきます。

「生きる力」5つのポイント

1　新しい時代を生きる子どもに必要な3つの力を養う

2　社会と連携した、「社会に開かれた教育課程」の実現

3　学習内容は削減しない（現行学習指導要領の枠組みの維持）

4　アクティブ・ラーニングの視点から学習過程を改善

5　各学校におけるカリキュラム・マネジメントの確立

1　新しい時代を生きる子どもに必要な3つの力を養う

　新しい学習指導要領は、育成すべき資質・能力の3つの柱である「知識及び技能」「思考力、判断力、表現力等」「学びに向かう力、人間性等」の養成を目的としたものです。文部科学省は、この3つの柱が、児童の確かな学力、豊かな心、健やかな体の育成を支えると考えています。

　各学校では、学校教育全体および各教科等における指導等において、3つの柱のバランスある育成を通じ、児童の「生きる力」の育成に努めることが求められます。

2　社会と連携した、「社会に開かれた教育課程」の実現

　文部科学省は、「社会に開かれた教育課程」を、以下の3つの要素に分けて説明しています。

● 社会や世界の状況を幅広く視野に入れ、よりよい学校教育を通じてよりよい社会を創るという目標を持ち、教育課程を介してその目標を社会と共有していくこと。

● これからの社会を創り出していく子供たちが、社会や世界に向き合い関わり合い、自分の人生を切り開いていくために求められる

　　資質・能力とは何かを、教育課程において明確化し育んでいくこと。
◦ 教育課程の実施に当たって、地域の人的・物的資源を活用したり、
　放課後や土曜日等を活用した社会教育との連携を図ったりし、学
　校教育を学校内に閉じずに、その目指すところを社会と連携・共
　有しながら実現させること。

③ 学習内容は削減しない（現行学習指導要領の枠組みの維持）

　　2008年に改訂された、現在の学習指導要領の枠組みは維持し、学習
内容の削減は行わない方針です。

　　2017・2018年の改定では、新しい時代に必要となる資質・能力を踏
まえた、教科・科目の新設や目標・内容の見直しが行われます。

　　新設される教科・科目としては、小学校の外国語教育や、高等学校
の「公共」などがあります。

④ アクティブ・ラーニングの視点から学習過程を改善

　　文部科学省は「主体的・対話的で深い学び（「アクティブ・ラーニ
ング」）の視点からの授業改善について（イメージ）」において、以下
のように説明しています。

　　「主体的・対話的で深い学び」の視点に立った授業改善を行うことで、
学校教育における質の高い学びを実現し、学習内容を深く理解し、資
質・能力を身に付け、生涯にわたって能動的（アクティブ）に学び続
けるようにすること。

　　「主体的な学び」「対話的な学び」「深い学び」の３つの学びの実現
を目標として、授業改善を行う方針です。

⑤ 各学校におけるカリキュラム・マネジメントの確立

　　カリキュラム・マネジメントは、新しい方法を導入することを目的
とするものではありません。

　　それぞれの学校の実態に応じて、既存の取組や組織を活かし、その

取組の質を向上させることが目的です。

　例えば、職員会議や学年会などの既存の会議の場を活かすことや、学校運営協議会や保護者説明会などを活用することなどが考えられます。

大学入試改革

　センター試験が2020年をもって廃止され、2021年からは新試験制度「大学入学共通テスト」へ移行しました。「国語」「数学」で記述式の問題の導入が予定されていましたが、採点基準や体制の問題によって延期されました。また、英語では、4技能（読む・書く・話す・書く）を評価するため、民間が実施する資格・検定試験を活用する予定でしたが、こちらも準備不足を理由に5年間の延期が発表されています。

　こうした変更はあったものの、文部科学省は「論理的な思考力や表現力を育て伸ばすこと、それらを評価する 観点から大学入試において記述式問題が果たす役割が大きいことに変わりはない」と発表しており、個別の大学の試験等で重要視されることに変わることはありません。

　上記のような大学入試の変更に伴い、学校、学習塾や予備校などの事業者はカリキュラムや教育プログラムの変更など、対応を行っています。こうした知見を有するベンチャーや新興企業にとっては業績拡大の機会とも言えるでしょう。小中高の学習塾での指導内容は、大学入試によって大きな影響を受けるので、どのように大学入試が変わるかは教育関係の事業者にとって極めて重要なトピックと言えるでしょう。

GIGAスクール構想

　「GIGAスクール構想」とは文部科学省が教育のICT化を推進するために打ち出した計画の全体像のことです。「GIGAスクール構想」の「GIGA」は「Global and Innovation Gateway for All」の頭文字を取っています。これは「全ての人にグローバルで革新的な入り口を」という意味ですが、「誰一人取り残すことなく、子どもたち一人一人に個別最適化され、創造性を育む教育ICT環境の実現」を目指した施策であるとされています。

　社会のデジタル化が進む中で、現在日本の学校のICT環境は諸外国に比べても整備が遅れており、自治体間の格差も大きいのが現状です。なお、日本とOECD加盟国のICT利用の差については、文部科学省「OECD生徒の学習到達度調査（PISA）」（https://www.nier.go.jp/kokusai/pisa/pdf/2018/06_supple.pd）を参照してください。

　萩生田光一文部科学大臣は「1人1台端末環境」は令和の学校においてはもはやスタンダードであるとし、その実現のためにハード面・ソフト面・指導体制の3方面から教育改革を行っていく「GIGAスクール構想」を打ち出しました。この構想のもと「児童生徒への1人1台端末と、高速大容量の通信ネットワークを一体的に整備するための経費」が令和元年度補正予算案に盛り込まれ、2,318億円の予算が2019年12月13日に閣議決定されました。このなかでは、校内通信ネットワークの整備と児童生徒1人1台端末の整備を一体的に整備するとともに、クラウドの活用の推進、ICT機器の整備調達体制の構築、利活用優良事例の普及、利活用のPDCAサイクルの徹底を進めるとしています。

教育のICT化に向けた環境整備５カ年計画での目標水準	
学習者用コンピュータ	３クラスに１クラス分程度整備 ※１日１コマ分程度、児童生徒が１人１台環境で学習できる環境の実現
指導者用コンピュータ	授業を担任する教師１人１台
大型提示装置・実物投影機	100％整備
インターネット及びLAN	100％整備
統合型校務支援システム	100％整備
ICT支援員	４校に１人配置

※上記のほか、学習用ツール、予備用学習者用コンピュータ、充電保管庫、学習用サーバ、校務用サーバなども整備対象

EdTech

　EdTech（エドテック）とは、Education（教育）とTechnology（テクノロジー）を組み合わせた造語です。テクノロジーの力で教育環境が変わっていく動き・トレンドを指します。他の領域でも、Finance（金融）とテクノロジーでFinTech（フィンテック）、Advertisement（広告）とテクノロジーでAdTech（アドテク）など、テクノロジーがもたらす既存産業の変化を指す言葉として用いられています。

　教育・学習領域では、学校や塾など教育を実際に提供する現場で活用されるアプリ・サービスや、自宅や外出先などいつでもどこでも受講できるオンライン学習の配信サービスなどでテクノロジーが導入されています。また、学習するためのものだけではなく、教師・教員や塾の講師が生徒の学習状況を把握・管理するツールなどにもIT技術が導入されています。

　こうした分野では、既存の教育領域の事業者だけではなく、ソフトバンクやリクルート、楽天などの異業種の大企業、ベンチャー・スタート

アップも多く参入しています。

国内の教育系ベンチャー・スタートアップ（未上場）

社　名	事業内容	累計資金調達額	創　業
atama plus株式会社	人工知能を活用したラーニングシステムの提供	約70億円	2017年4月
スタディプラス株式会社	学習記録の可視化と同じ目標を目指す仲間とのSNS	約16.5億円	2010年5月
ライフイズテック株式会社	中高生向けIT・プログラミング教育サービス。スクールやキャンプ形式など	約35.1億円	2010年7月
株式会社Libry	問題集をタブレット上で紙の参考書とおなじような感覚で利用できるサービス	約3.8億円	2012年5月
株式会社Progate	オンラインプログラミング学習サイト	約7.1億円	2014年7月
株式会社スピークバディ	英会話アプリ、オンライン英語コーチングサービス	約8.9億円	2013年5月
株式会社アイデミー	AIエンジニアになるためのオンライン学習サービス	約9.9億円	2014年6月

※資金調達額は公表されているものを集計。2021年8月時点
※参考：STARTUP DB

eラーニングとの違い

　ここまでお読みになってEdTechとeラーニングは何が違うのかと疑問に思われた方もいらっしゃるかもしれません、EdTechとeラーニングに明確な定義、違いはありません。eラーニングとは、インターネットやデジタルメディアを利用して学生の教育や社員の研修を行うサービスを指します。eラーニングには当然IT技術が活用されており、EdTechといわれる領域と重複します。

　・いつでもどこでも学習ができる

・教育の質の差が出ない

などメリットも共通です。

eラーニングはPCやCD-ROMなどのメディアが広まり始めた際に使われていた言葉で、EdTechはブロードバンドやクラウド前提、スマートデバイスの浸透を前提としていることもいえるかもしれません。また、以前はeラーニングを導入するためのシステムやソフトウェアの開発には、多くのお金と工数が必要でした。近年ではそうしたコストも低くなっています。

クラウドなどの技術も普及し、初期のeラーニングでイメージされていたものが時代にそぐわなくなったというのが背景と言えるかもしれません。当然、eラーニングのサービスもこうした技術の普及によって低コストでの導入が可能になっています。

技術によって、学習・教育環境を良くするという本質的なサービスの価値は変わりませんが、時代背景やタイミングによって呼び方が異なっていると理解すればよいでしょう。

人生100年時代とリカレント教育

ロンドン・ビジネス・スクールのリンダ・グラットン教授は著書「LIFE SHIFT」の中で、今後人類の寿命は長くなり、働く期間が長くなっていくと述べています。この著作で使われた人生100年時代は、いろいろなメディアで見るようになりました。

人生が100年になって寿命が長くなるときに重要な論点が、働く期間が長くなることです。そしてそのためには、市場に求められ続ける人材である必要があります。リンダ・グラットン教授は、現代の大学を卒業してからずっと働き続ける人生は成立しなくなり、新たなスキルを学び直す機会が重要だと述べています。学び直し＝リカレント教育が注目されているのです。

アダプティブラーニング

　アダプティブラーニングとは、1人ひとりに合わせた学習方法のことです。Adaptive（アダプティブ）は「適応性のある」という意味の英語です。

　アダプティブラーニングは日本語で適応学習と訳されることもあります。個人に最適な課題を提示することで、より効率的な学習の実現を図ることを目的としています。ITを中心とした技術の進化により、個人の学習データの蓄積や、個々人に合わせたコンテンツの配信が可能になり、アダプティブラーニングは注目を集めています。

　アダプティブラーニングによって学習者は、自分の習熟度に合わせて学習でき、学習効率を向上することができます。得意科目ではテンポよく先の課題を解き進めることができ、苦手科目では記憶の定着のための課題に取り組みます。自分の得意不得意に合わせた効果的・効率的な学習が可能となります。

　指導者は、これまで個人に合わせた学習の提供をしようとすると、指導者の能力に依存せざるをえませんでした。前述したようにテクノロジーの進化によって、データの活用や個別のコンテンツの配信ができるようになると、指導者の能力への依存度が減り、個別の学習を提供することが可能になります。多くの学習者のデータが集まっていくことで、より精度の高い学習が提供できるようになっていきます。

STEAM教育

STEAMとは、Science（科学）、Technology（技術）、Engineering（ものづくり）、Art（芸術）、Mathematics（数学）の5つの単語の頭文字を組み合わせた造語です。これら5つの領域を重視する教育方針を意味します。この教育方針の目的は、現実の問題を解決に導く力や今までにないものを創造する力を育むことです。元々はアメリカが、科学技術分野での競争力を高めるために推進してきた教育方針です。

STEAM教育が注目されている背景には、テクノロジーの進展があります。

具体的には、AIやIoTなどの科学技術の発達やスマホ・タブレットといった端末の進化などが挙げられます。それによって社会は急速に変化し、社会に必要とされる人材も変化しています。

2015年に野村総研が発表した調査資料によると、10〜20年後、日本の労働人口の約49％が就いている職業はAIやロボットによって代替される可能性が高いとされています。

これからの社会では、科学技術を活用するだけでなく、作れる人材が必要です。科学技術の理解を深めると同時に、それらを利用して新しいものを生み出す力を養うための教育として、STEAM教育は注目されています。

こうした文脈でもプログラミング教育は注目されており、児童向けのプログラミング教室、大学生や社会人を対象としたプログラミングスクールには多くのサービスが生まれています。

プログラミング教室・スクール

社　名	サービス名	事業内容	対　象
株式会社div	TECHCAMP	プログラミングスクール	大学生〜社会人
キラメックス株式会社	TECHACADEMY TECHACADEMY ジュニア	オンラインプログラミングスクール	大学生〜社会人 小中高生
コードキャンプ株式会社	CodeCamp CodeCamp KIDS	オンラインプログラミングスクール	大学生〜社会人 小中高生
ライフイズテック株式会社	LIFE IS TECH CAMP テクノロジア魔法学校	IT・プログラミングキャンプ オンラインプログラミング学習教材	中高生
株式会社Progate	Progate	プログラミング学習サイト	大学生〜
株式会社CA Tech Kids	Tech Kids School	小学生のためのプログラミングスクール	小学生
株式会社チアリー	STAR Programming SCHOOL	プログラミング教室	小学校低学年 〜中学生
株式会社LITALICO	LITALICOワンダー	IT×ものづくり教室	幼児〜高校生

アクティブ・ラーニング

　アクティブ・ラーニングとは、学習者である生徒が受動的となってしまう授業を行うのではなく、能動的に学ぶことができるような授業を行う学習方法です。生徒が能動的に学ぶことにより、「認知的、倫理的、社会的能力、教養、知識、経験を含めた汎用的能力の育成を図る」（2012年8月中央教育審議会答申）内容であるとされています。具体的には教師による一方的な指導ではなく、生徒による体験学習や教室内でのグループ・ディスカッション、ディベート、グループ・ワークを中心とするような授業のことを指します。

　アクティブ・ラーニングは大学の教育改革が進む中で取り入れられるようになり、それがさらに小学校や中学校、高等学校の初等教育、中等教育にまで及ぶようになりました。

　このように注目されるようになった背景には社会の経済状況変化に伴った、社会に求められる人材の変化があります。

　1980年代から1990年初頭にかけて、バブル経済期、情報化社会が訪れ、これがそれまで教育現場で行われていた規則・標準化の授業が崩れるきっかけとなりました。また、90年代にはインターネットの登場でさらに情報化社会が加速、バブルが崩壊します。

　こういった時代の流れによって、これまで作り上げてきた様々な社会の仕組みも崩れることとなり、社会に対応した仕組みへの変更が必要となりました。また、その社会に対応した仕組みも、これまでのように欧米に倣うのではなく、自分たちで創造していくことが必要とされる時代でもあります。こうした状況の中で日本の教育は、それまでの大量生産時代に合わせて設計された、規則・標準化を行う授業ではなく、自由化・多様化へと教育の重点分野が変更されることとなりました。つまり、その人が社会で活動していくための土台づくりだけでなく、多様性や創造性といった力をつけることで新しい社会を創っていくような人材となるように教育を変えていったのです。現在もこの動きは続いています。ただ知識を増やすだけでなく、その知識をどう生かすことができるかが重要であると考えられているからです。

　そうした時代背景があり、自分で考える力、物事を動かす力、能動的に物事に取り組む力を育成身するためにアクティブ・ラーニングがより注目されるようになりました。

ISA型のサービス

最近、注目されているのが、受講期間中は受講料完全無料で、学費後払いのプログラミングスクールです。

この手法は、所得分配契約と呼ばれ、英語ではISAまたはISAs（Income Share Agreement）と呼ばれます。受講生が受講するタイミングでは受講料は発生せず、卒業後に一定期間、給与からあらかじめ定めた割合を支払う契約が締結されます。例えば、卒業後に就業した場合、数年間その人の給与の一定割合（10 〜 20％など）をスクールに支払う契約です。このISAと略される所得分配契約は、学費の高騰、学生ローンの支払いが社会問題になっている、アメリカの学生ローンの代替になるのではないかと注目を集めています。

アメリカでは、このISA型の仕組みでプログラミングスクールがいくつもスタートしています。日本でも、ISA型のプログラミングスクールができ始めています。

ティーチングからコーチングへ

　最近の教育サービスで顕在化しているトレンドがあります。それはティーチングからコーチングへの移行です。コーチングに馴染みのない方も多いかもしれません。イメージしやすいのは、ダイエットで流行したライザップです。ライザップは、「結果にコミット」のキャッチフレーズとともに積極的なプロモーションで一気に流行しました。ライザップはトレーニング指導を提供するだけではなく、担当するトレーナーが食事の指導、モチベーション管理などを行います。運動だけの支援をするのではなく、結果を出すためにダイエットに必要な行動を支援しています。

　こうしたサービスが、教育業界にも増えています。

　どういうことかというと、単に授業や講義をするのではなく、目指す偏差値やスコアを設定し、それをいつまでに達成するのか、そのために必要な行動・勉強などを設定し、進捗管理を行うサービスが流行しています。高校生向けの指導や各種語学、資格試験の対策スクールなどで提供されています。EdTechのようなテクノロジーの発達に伴い、コンテンツ（授業や講義）の価値は低減すると言われています。授業や講義は動画等でアップされれば、いつでもどこでも見られるようになります。コンテンツへのアクセスは容易になるため、それをもとに、教師の役割はティーチングからコーチングに変わっていくと言われます。

　こうした内容は、サルマン・カーンがTEDで行ったプレゼンテーション「ビデオによる教育の再発明」や、イノベーションのジレンマで有名なクレイトン・クリステンセンの著作「教育×破壊的イノベーション」にも書かれています。

Column 日本の社会人は他国に比べて勉強しない？

リクルートワークス研究所の「全国就業実態パネル調査日本の働き方2018」によると、直近１年間で自分の意思で仕事に関わる知識や技術の向上のための取り組みをしたかという問いにYESと回答したのは33.1％でした。

簡単に言ってしまえば、日本の社会人の７割が仕事のための勉強をしていないということになります。しかもこの調査では、学習をしない理由は金銭面でも時間面でもなく、学ばない人に学ばない理由などないことも明らかになっています。

また日本人は25歳以上の短期高等教育期間への入学者の割合も低く、「先進国一学んでいない」と評されることもあります。

こうした現状は、就業可能期間が長くなること、今後解雇規制が緩和される可能性があること（終身雇用の崩壊）などによって徐々にかわっていくかもしれません。

リクルートワークス研究所の調査では、自己学習がキャリアの見通しや成長実感満足度に良い影響を与えることも同時にまとめています。自己学習は賃金をはじめ、幅広い効果を持つ可能性が確認されています。EdTech関連のサービスなど、学習意欲がある人にとっては優良なサービスを安価で利用できるようになっており、便利な時代です。学べる人と学べない人の差は今後より大きくなっていくのかもしれません。

教育業界で働く

ここまでは、教育業界の動きやキーワードを解説しました。
　ここからは実際に教育業界で働く場合に関連するトピックについて解説します。

Section 1

教育業界の仕事

　教育業界の仕事というと、塾の講師や学校の先生をイメージされる方が多いようです。たしかに教育業界の仕事で、塾講師や学校の先生は分かりやすくイメージできます。

　実際にはそれ以外の仕事も多くあります。

　そうした仕事は様々な分類ができますが、本書では教育業界の仕事を、何のための仕事なのかで以下の5つに分類しています。便宜上、5つに分類していますが、きれいに5つに分かれるわけではなく、複数にまたがる仕事もあります。あくまで参考としていただければと思います。

本書で考える教育業界の仕事の5分類

- 教える・指導に関わる仕事

- サービスを広げる仕事

- サービスを作る仕事

- 事業者を支援する仕事

- 事業を経営、管理する仕事

教える・指導に関わる仕事

　まずは、最もイメージしやすい教える仕事です。職種で言えば、教師、教員、塾講師、講師などです。必ずしも学生対象に限られるわけではなく、社会人向けの研修の講師なども含まれます。

　従事する先としては、小中高大などの学校、専門学校、学習塾や語学学校などの各種スクールです。芸術やスポーツなどを教えるインストラクターも教える・指導に関わる仕事です。小中高で働くには教員免許が必要ですが、学習塾やその他のスクールでは、教員免許は必須ではありません。

　教える領域の専門性はもちろん重要です。相手にわかりやすく伝える力がなにより求められます。前Chapterの「ティーチングからコーチングへ」でも述べたように、トップ講師の動画で学習できるサービスも増えており、単純に知識を伝達する役割ではなく、いかに学習者をモチベートできるかが重要になり、求められるスキルも変わっていくでしょう。

サービスを広げる仕事

　次にサービスを広げる仕事です。これは職種で言えば、営業や販売、マーケティング、広報などが当てはまります。

　営業や販売は、顧客に提供するサービスの提案を行う仕事です。個人に教材や学習サービスを営業することもあれば、企業や学校法人に教材・研修・コンテンツなどを営業することもあります。

　マーケティングの仕事は、自社の商品をどのような媒体（テレビ・雑誌・ネット）で、プロモーションをするのか企画立案し、実行する仕事です。

　広報は自社や自社の商品・サービスをマスコミに取り扱ってもらうよ

うに働きかけ、広まっていくように働きかける仕事です。

　サービスを広げる仕事に関しては、特に教育業界だからという特殊なことはなく、営業や販売、マーケティング、広報などそれぞれの職種での専門性や成果を出せるかが大事な職業です。

◦ サービスを作る仕事

　サービスを作る仕事は、学習コンテンツやカリキュラム、教材などを作る仕事です。教科書や参考書、問題集などの書籍を作成する仕事もありますし、近年ではeラーニング、オンライン学習サービスの急成長に伴って、動画での学習コンテンツやeラーニングを作成する仕事の需要が高まっています。

　学習コンテンツやカリキュラム、教材を制作できる人材は非常に希少性が高いです。さらにデジタル・オンラインの学習コンテンツを作れる・開発できる人材の需要は非常に多いものの、そもそも数が多くはなく、

　　・紙や他のメディアでの制作経験がある

　　・デジタルメディアでコンテンツ制作経験がある

　のいずれかの経験を持つ人材が、それぞれの知見を生かして制作していることが多いようです。いずれかの専門性を持つ人材がもう一方で知見を積めば、今後の教育業界では市場価値の高い人材になれるのではないでしょうか。

◉ 事業者を支援する仕事

　事業者の支援を行う仕事は、直接教育関連サービスを提供するわけではありませんが、教育関連のサービスを支える存在です。対外向けの支援と対内向けの支援を行う仕事に分けられます。

1 対外向けの支援

　対外向けの支援を行う仕事は、教育領域の事業者に対してサービスを提供する仕事のことです。広告代理店やシステムなどを提供している会社、メディアや人材系のサービスなど、教育系の事業者をメインの取引先とした仕事を指します。筆者の経営するファンオブライフも教育業界の採用支援を行っている企業なので、この分類に当てはまります。

2 対内向けの支援

　社内向けの支援を行う仕事というのは、いわゆるバックオフィス勤務を指しています。人事や経理、総務などの、組織や人を支援するための業務に従事されている方の仕事です。この分野は教育業界だからという特殊なことはなく、職種としての専門性が重要な仕事です。

事業を経営、管理する仕事

　経営者、事業企画や経営企画などの企業経営、組織運営に携わる仕事を指しています。教育関連サービスの事業者でこうしたポジションにつくためには、他の仕事で成果を出して異動をするか、経営コンサルティング会社などで経験を積み、事業企画・経営企画などのポジションに転じる方法が代表的です。

Section 2

教育業界で働く選択肢

　Section 1 では、どういった役割を担うかで教育業界の仕事を5つに分類しました。ここではどのような組織で働く選択肢があるのかを解説します。

教育業界のどの組織で働くか

> 1　教育機関
>
> 2　企業・NPO
>
> 3　独立起業
>
> 4　副業として関わる方法もある

1 教育機関

1つ目は教育機関です。小中高校大学や専門学校などの教育機関で働く方法です。最もイメージしやすい選択肢かもしれません。学校法人や株式会社が運営している場合もあります。

2 企業・NPO

2つ目は、教育関係の事業を行っている企業やNPOなどの法人に従事することです。民間企業でも教育関連の事業を運営している法人は数多くあります。こういった組織に従事する方法があります。今、教育業界以外で働いている方が教育業界で働こうとする場合、ほとんどがこの分類に当てはまるのではないかと思います。

3 独立起業

もう一つは、自分自身で独立・起業する方法です。脱サラして塾などのフランチャイズを始める方もいますし、自分自身でサービスを始める方もいらっしゃいます。リアルに教室を構える学習塾やスクールであれば、初期投資も一定程度必要ですが、オンラインで事業を行う場合であれば、そこまで初期投資をかけずに独立・起業することも可能です。

4 副業として関わる方法もある

また、副業として関わる方法もあります。

講師の募集や、それ以外でも募集を行っている場合があります。土日だけ、休みのときだけなどで副業として教育関係の仕事を行うこともできるでしょう。またNPO法人などのお手伝いをボランティアという形でしている方もいます。

教育業界の企業

　教育業界で働くことを考えた場合、どんな企業を思い浮かべるでしょうか。地域や学習領域ごとに中小企業が数多く存在する業界でもありますが、参考に教育系の事業を行っている会社で上場している企業の売上や営業利益をまとめています。

社　名	売　上	営業利益	従業員数	平均年齢	平均給与
株式会社ベネッセホールディングス	4,275億円	130億円	37人	43.1歳	934万円
株式会社リクルートホールディングス	2兆2,693億円	1,628億円	138人	38.7歳	950万円
株式会社学研ホールディングス	1,435億円	50.7億円	41人	48.2歳	906万円
ヒューマンホールディングス株式会社	858億円	27億円	1,325人	34.1歳	―
株式会社ナガセ	458億円	45.9億円	533人	37.2歳	751万円
株式会社リソー教育	252億円	10.1億円	404人	40.7歳	655万円
株式会社早稲田アカデミー	254億円	10.6億円	929人	37.9歳	513万円
TAC株式会社	197億円	4億円	533人	43.0歳	508万円
株式会社東京個別指導学院	191億円	6億円	546人	35.7歳	501万円
株式会社ウィザス	162億円	11億円	521人	40.9歳	514万円
株式会社LITALICO	10億円	△1.4億円	134人	30.6歳	486万円
株式会社スプリックス	118億円	17億円	458人	30.1歳	472万円
株式会社インソース	51億円	7.8億円	299人	31.7歳	479万円
株式会社イトクロ	38億円	11億円	146人	32.1歳	488万円
株式会社レアジョブ	53億円	6.7億円	133人	36.9歳	663万円
株式会社すららネット	16億円	5.4億円	58人	35.8歳	531万円
チエル株式会社	41億円	5.1億円	53人	37.0歳	653万円

※各社資料を参考に作成。2021年8月時点（決算は直前の決算期）

Section 4

教育業界の年収

働く上で最も重要な一つの要素が、労働の対価として得られる給与・年収でしょう。

東洋経済新報社の『会社四季報 業界地図 2022年版』によると、40歳時点の教育業界の平均年収は566万円です。このデータは上場企業のみのデータを集計しており、傾向値としては参考になりますが、個別の求人を見る際はあまり参考になりません。正確な統計ではありませんが、弊社で支援を行っている企業をもとにおおよその目安の年収をまとめています。教育業界といっても、どういったビジネスをやっているかで年収は大きく変わるのであくまで参考にしてもらえればと思います。

また年収が決まるルールや年収を上げるためにはどうすればよいかの考え方を後述しています（→76ページ参照）。

年　齢	年収帯が低めの企業	年収帯が高めの企業
新卒〜 20歳代前半	250 〜 300万円程度	400 〜 500万円程度
20歳代中盤	300 〜 350万円程度	450 〜 600万円程度
20歳代後半〜 30歳代前半	350 〜 400万円程度	600 〜 800万円程度
30歳代中盤移行	400 〜 500万円程度	800万円以上

Section 5

教育業界で人気の仕事

　弊社が提供している教育業界専門の転職エージェント「Education Career」では、教育業界への転職に関心がある数百名の方と面談をしており、キャリアの展望ややりたい仕事、興味のある仕事などを伺っています。

　すると、転職希望者に人気のある仕事は偏っていることがわかります。次の4職種ですが、競争倍率は高いものの、教育業界ならではの仕事も多いのでチャレンジしてみるのもよいのではないでしょうか。

転職希望者に人気のある職種

1. 教材作成・カリキュラム企画
2. 大学職員・学校事務・学生募集広報
3. 教育コンサルタント
4. 有名企業

1 教材作成・カリキュラム企画

1つ目が、教材の制作、カリキュラムの企画をする仕事です。講師や教員など教える仕事をしてきた方、コンテンツの作成に携わりたい方など多くの方が希望される仕事です。大量に人数を募集するわけではなく、数名の精鋭募集であることも多いので就業するのが難しい仕事の一つです。

2 大学職員・学校事務・学生募集広報

2つ目が大学の職員や学校の事務、学生の募集を行う広報担当の仕事です。こうした学校の事務職、運営に携わる仕事は非常に人気があります。ただこちらも募集が多くなく、またあったとしてもすぐに充足してしまうことから、タイミングが合わないと就業が難しいものの一つです。

3 教育コンサルタント

3つ目が教育コンサルタントです。教育コンサルタントとは、学校や学習塾などの教育機関向けのコンサルタントと、一般家庭や個人を対象としたコンサルタントに分けられます。前者はクライアント向けに経営や集客、広報、カリキュラム、ファシリティなど様々な要素でコンサルティングを行います。後者は個人向けに学習や勉強、生活、精神面を支える仕事です。 1 2 に比べれば、募集の多い仕事といえるでしょう。コンサルティング営業、学習アドバイザーなど、教育コンサルタントとは異なる名前で募集されることも多くありますが、勤務内容は類似していることがほとんどです。

4 有名企業

4つ目は職種ではなく、企業です。どういった仕事をするかにかかわらず有名企業は非常に人気があります。例えばベネッセホールディングスのような、知名度の高い企業の求人は応募者が殺到し、高い倍

率になります。

● 人気の仕事のイメージは必ずしも正しくない

　教育業界で人気な仕事を紹介しましたが必ずしも皆さんがお持ちのイメージどおりではないことがあるので注意が必要です。教材制作やカリキュラム制作は、泥臭い作業も発生しますし、スケジュールに追われるようなこともあるでしょう。大学職員も比較的のんびりとした仕事をイメージされる方が多いようですが、近年では、少子化によって大学や学校法人の経営も厳しく、それによって1人1人の職員に求められる成果も高くなっています。安易にイメージだけで転職してしまうと後悔することになりかねません。人気の仕事だからという選び方ではなく、自分自身の軸で選べるようにしておくことが大切です。

Section **6**

教育業界はブラックか

　教育業界でのキャリアを検討している方の中には、「教育業界はブラックだからやめておいたほうがいい」というアドバイスをされた経験がある方も多いようです。ブラックとはいわゆるブラック企業を指す言葉で、ブラック企業には、社員の使い捨て、長時間労働、高すぎるノルマ、パワハラ・モラハラなど、様々なイメージがあります。

　具体的な統計があるわけではないのですが、「教育業界はブラック」と言われる理由は、

　塾や予備校のイメージ

　教員のイメージ

　の２つが大きそうです。

◎ 塾や予備校のイメージ

　教育業界での転職というと、すなわち学習塾や予備校を想像される方も多く、ブラックだからやめておいたほうが良いとアドバイスされる方も多いようです。学習塾や予備校がすべてブラック企業というわけではもちろんありませんが、なぜそういうふうに思われてしまうのかを解説します。

学習塾や予備校がブラックだとされてしまう理由

1. 勤務時間

2. 給与相場

3. 業績目標

4. 身に付くスキルや経験

1　勤務時間

　塾や予備校は、学校が終わってから授業が行われます。そのため多くの学習塾や予備校では、勤務が昼頃〜夜となっています（13 〜 22時など）。午前中は余裕のある働き方ですが、授業後の業務によっては終電など遅い時間帯になってしまうこともあります。また一部の学習塾では、残業が多く、午前中も出社し休みもないというような働き方をしていることもあり、そうした働き方がブラックというイメージに結びついています。一方で、このような働き方・労働環境ではなく、休日もきっちりと確保できる職場も多くあります。塾や予備校だから

といって、一概に長時間労働で休日が少ないというわけではありません。

2 給与相場

　塾や予備校の講師、スクールマネージャーは給与相場が高いわけではありません。一部の人気講師や企業では、非常に高給のものもあります。厚生労働省の「平成30年度賃金構造基本統計調査」によると、個人教師、塾・予備校講師の平均年収（ボーナス等も含む）は約380万円です。同調査の全職種の平均年収は約440万円であるため、塾・予備校講師の平均年収は全体と比べると約60万円少なくなっています。こうしたことから、教育業界は給与相場が低いと判断されてしまっているかもしれません。弊社でご支援する学習塾や予備校に入社される方は、20代で年収300～450万円、30代では年収350～550万円程度が相場です。実際に他の業界に比べると大きな差があるわけではありませんが、商社やコンサルティングなどの高給の業界よりは低いです。したがって一般に給与が高い業界とはいえません。

3 業績目標

　学習塾や予備校は、教育産業とはいっても、民間企業であり、売上・利益を追求する必要があります。また、合格実績や生徒の集客の目標など様々な業績の目標があります。こうした業績に厳しい目標が課され、精神的にハードな職場もあることがブラックのイメージにつながっているといえるでしょう。

4 身に付くスキルや経験

　学習塾や予備校で得られるスキルや経験をもとにブラックとイメージされる方も多いようです。塾や予備校はつぶしが利かないとも言われます。何の職種についているかによって異なりますが、たしかに、講師や教室長・スクールマネージャーなどの職種で得られる経験は転職市場で評価は高くありません。無形商材の法人営業やITエンジニ

アといった引く手あまたの職種に比べれば、つぶしはききづらいといえるでしょう。ただ、転職できないかというとまったくそんなことはなく、教育業界で経験を活かして別の職種に転じたり、別の業界に転職することも可能です。今の仕事で成果を出している方であれば、その経験が活きる場は見つかります。

● 教員のイメージ

　学校の教員の働き方は現在問題視されており、ニュースなどで目にする人も多いのではないでしょうか。ハードな教員の働き方が教育業界はブラックというイメージに繋がっているとも言えるでしょう。教員の働き方がハードと言われる要素をいくつか解説します。

教員の働き方がハードと言われる要素

1　長時間労働・残業代

2　ハラスメント・人間関係

3　モンスターペアレンツの対応

4　身に付くスキルと経験

1　長時間労働・残業代

　文部科学省が平成28年度に行った「教員勤務実態調査」によると、小学校・中学校の全教諭は平均的に朝7時30分ごろまでに出勤し、19時以降に退勤しています。1日当たりの学内勤務時間は11時間を超えています。また、OECDによるTALIS国際調査（2018年）によると、

中学校教員の１週間当たりの仕事時間は56.0時間と参加国の中で最も長くなっています。この調査にはOECD加盟国等48か国・地域が参加しており、その平均は38.3時間となっていることから、世界的に見ても日本の学校の先生は長時間労働だとわかります。

② ハラスメント・人間関係

学校の教員に対するハラスメントは、度々ニュースで取り上げられています。

例えば、

・校長が教職員に対して人格を否定する言葉を浴びせた

・女性の教職員が生理休暇を取ることに対して否定的な発言があった

などの事例が最近では報告されています。

また、2019年に神戸市立の小学校で教員４人が男性教員１人に対して悪質な嫌がらせをした結果、男性教員が勤務できなくなるという事件が起こっています。

③ モンスターペアレンツの対応

常識を逸脱するほど頻繁に学校や担任宛に苦情・クレームの電話を入れるようなモンスターペアレントのために心を病み休職・退職してしまう教師もいます。

④ 身に付くスキルと経験

学校の教員も、学習塾や予備校と同様、つぶしがききにくく転職しづらいと言われます。一般的に転職市場において、教員の方の評価は高くはなく、望み通りの転職ができるかどうかはわかりません。ビジネスの経験、コミュニケーションスタイル、ITスキル等、仕事に対するスタンスなど、民間企業からすると懸念されることが多いため、転職市場は苦戦しがちです。

● ブラック企業の特徴

　そもそもブラック企業とはどのような企業を指すのでしょうか。ブラック企業の特徴や環境をまとめています。

■1■ 厚労省が示す一般的なブラック企業の特徴

　厚生労働省は「ブラック企業」の明確な定義は示していません。「ブラック企業」という言葉ではなく、「若者の『使い捨て』が疑われる企業等」として同様の企業群を表現しています。そのような企業の一般的な特徴として以下の3つを挙げています。

- ● 労働者に対し極端な長時間労働やノルマを課す
- ● 賃金を払わずに残業させる、パワハラが横行する、など企業全体のコンプライアンス意識が低い
- ● 上記2つの状況下で、労働者に対し過度の選別を行う

■2■ 一般的にブラックと呼ばれやすい環境

　■1■ の3つの特徴を持ち、「ブラック企業」と呼ばれやすい企業は、以下のような環境であることが多いです。

■3■ ハラスメントが横行している

　企業全体のコンプライアンス意識が低く、パワハラ、セクハラのほか、モラハラ（立場に関係なく個人に対して精神的な攻撃を与えること）行われるような職場です。

　社員間で一人だけ無視される、陰口を叩かれるといったこともモラハラに含まれます。

4　給料が安い

　厚生労働省は地域別の最低賃金を定めています。東京都の場合、2019年は1,013円が最低時給となっており、これを下回っていると違法です。残業代が未払いだと最低賃金を下回る可能性があります。

5　激務（労働時間が長く、休日数が少ない）

　労働時間が長く、休みが少ない「激務」の会社はブラック企業と呼ばれやすいようです。労働基準法では「法定休日」として少なくても週に1回の休日、または4週間を通じて4日の休日を与えることが定められています。土・日曜日、祝日、年末年始休暇などを合わせて平均的な年間休日日数は120日程度です。休日が年間100日以下の場合は休日数が少なく、80日を下回る場合はかなり休日数が少ないといえるでしょう。

6　スキルが身に付かない

　最近「ゆるブラック企業」というワードがネット上で話題になりました。これは「厳しい残業はないものの、給与が低くキャリアパスがなく、他社で通用するスキルも身につかない会社」を意味します。このような会社では大変な残業などはないものの、自身の成長へつながることがありません。仕事に面白みを感じられなくなって転職を考えても、アピールできるスキルがないため転職市場で非常に苦労することになります。このように仕事をしていてもスキルが全く身につかない企業も「ブラック」と言われることがあります。

結論：教育業界はブラックか

　ブラック企業の特徴を参考に、教育業界はブラックなのかどうか検証します。結論として、筆者は「教育業界はブラックではない」と考えます。個別にブラック企業はあるでしょうが、教育業界がブラックというのは主語が大きすぎますし、正確ではないでしょう。以下、各論点について検討してみます。

1　ハラスメントの観点
　ハラスメントに関しては、個別の企業や組織によるとしか言えず判断ができません。教育業界だからハラスメントが多いということはないのではないでしょうか。

2　給料の観点
　教育業界がブラックと言われる理由で使用した、平成30年度の賃金構造基本統計調査の統計は、事業規模が小さい塾・個人で経営している塾なども含まれるので、実態よりもやや低くなっている可能性があります。例えば、中途採用を行う企業ではやや高くなっているようです。前述したとおり、塾や予備校の中途採用時の年収は350 〜 550万円程度、他の企業でも350 〜 700万円程度が標準的です。給料の高い業界ではありませんが、他の業界に比べて低いということはないといっていいでしょう。

3　激務（労働時間が長く、休日数が少ない）
　厚生労働省による平成30年度就労条件総合調査によると、教育・学習支援業の年間休日数の平均は113.8日と、他の業界に比べて決して少なくありません。
　職種によっては、勤務時間が夜型であったり、土日祝日、長期休暇

の際に仕事が入ることもありますが、教育業界の労働時間が長く、休日数が少ないとまでは言えないでしょう。

労働時間が長く、休日数が少ない企業もありますが、個別の企業によります。また学塾運営企業も、人材採用や定着に力を入れている企業が多く、働き方を改善しています。

4 身に付くスキル

教育業界で身につくスキルはどうでしょうか。教員や塾の講師、教室長は、転職市場での評価は高くはありません。数年勤務した場合、転職先として選択肢が多い職種でないことは確かでしょう。ただ、これだけをとって「教育業界はブラック」といってしまうのは、極端ではないでしょうか。教員や学習塾だからこそできる仕事はありますし、身につくスキルが転職の際に汎用的ではないことだけをとってブラックとは言えないのでないでしょうか。

上記のような理由から、「教育業界はブラックではない」と考えています。

※個別にブラックといえてしまう企業もあるとは思います。あくまで教育業界全体がとは言えないという意見です。

Section 7

教員の転職は難しいのか

　弊社では、教員・教師に対する転職支援もよく行っています。その際によく頂く質問が「教員の民間企業への転職は難しいでしょうか？」です。

　何と比較するのか、その方の経歴やスキル次第であることは間違いありませんが、教師や教員の方の民間企業への転職が難しいのは事実です。その理由を解説します。

年収が高い

　一般的に教師や教員の方は条件的に恵まれています。

　勤務時間が長い方は多いのですが、あくまで同年代の方と比較した場合、絶対額の年収が高いことが多いです。一方で、民間企業に転職する場合、未経験職種への転身になり、年収が上がることは多くありません。そうした場合、転職に至らない方が多いです。

　学校や契約形態に応じて、平均的な企業よりも厳しい条件の方もいらっしゃいますが、多くの方は比較的良い条件での勤務をされています。

転職の時期・タイミングが難しい

　教師や教員の方は、業務の性質上、年度の途中での転職がしづらいことがあげられます。

　特に担任を受け持っている場合は、容易に退職できるものでもありません。中途採用は、新卒採用と異なり、来年4月の採用といったことはなく、多くができるだけ早く来てほしいという募集のため、よいご縁にならないケースが多く発生します。逆に年度の変わり目になる3〜5月の転職は希望者が多く、倍率が比較的高くなります。

ビジネス経験が乏しい

　上記の年収や時期の問題はありますが、この要因が最も大きいです。教師や教員の方（民間企業での就業経験がない方）は、ビジネス経験がなく、企業からの評価が高くありません。

　ビジネス経験が乏しいとは具体的に4つに分類できます。その内容を含め解説します。

ビジネス経験が乏しいと考えられる例

1　ビジネス上の成果を追求した経験が乏しい

2　コミュニケーションスタイルに難がある

3　ITリテラシー

4　受け身のスタンス

1　ビジネス上の成果を追求した経験が乏しい

　学校の教育現場では、売上や利益などの数値的な明確な目標を持っていないことが多いです。そのため、ビジネスで求められる成果を追求するための行動、スタンスが身についていないと評価されてしまうことがあります。

　営業職や、明確に数値目標を持った職種では敬遠されてしまうことが多いです。

2　コミュニケーションスタイルに難がある

　ビジネス上のコミュニケーションに難があると評価されてしまうこともあります。

・要点をまとめる

・結論から話す

　といったビジネスで求められるコミュニケーションスタイルが身についておらず、説明が冗長といった評価を受ける方が多いです。また、業務のコミュニケーション相手が子供中心のため、返事が「うん、うん」といった癖がついてしまっている方もいらっしゃいます。特にお客様とのコミュニケーションが発生する仕事では、致命的な評価になってしまうことがあります。

３ ITリテラシー

　個人差はありますが、ITリテラシーも企業が要望するものに満たない可能性が高いです。学校によっては個人のPCがないこともあり、一定水準のITスキル（PCスキル）を持っていない方もいらっしゃいます。多くの企業では、Office関連、メール、各種クラウドサービスを当然のように利用されており、こうしたものに抵抗がある場合、評価されづらいでしょう。

４ 受け身のスタンス

　企業が中途採用を行う理由は、その方が会社の業績に貢献して頂ける可能性があるからです。選考の場では、今までの経験やスキルでどのように貢献できるかが重要です。こういった前提がありますが、教員・教師の方には、ご自身から何かを提供するというのではなく、会社から学ばせてもらう、身につけさせてもらいたいという発想をする方も多く、ミスマッチになることがしばしば見られます。ご自身が○○な点で貢献する、その上でこういった経験・スキルを積みたいというスタンスであれば、企業も積極的に採用を考えられますが、受け身だけのスタンスの場合、採用に至りません。

Section 8

新型コロナ発生により注目される
教育業界の仕事

　2020年、コロナウィルスの感染拡大によって、生活様式は大きく変わりました。ソーシャルディスタンス、マスクの着用、消毒の徹底など、以前では行われていなかったこと、リモートワークのように行われる兆しがあったものが一気に広まりました。転職市場に及ぼした影響も大きく、飲食や旅行などの観光関連産業などは求人をするどころか解雇や雇い止め、規模縮小などの報道に接することが多くなりました。また、2019年までは多く募集のあった未経験者歓迎の求人も数が一気に減り、求人企業側の見る目もシビアに変わっています。

コロナが起こす教育業界の転職市場への変化

　教育業界の転職市場も影響を受けています。

　ネガティブな影響が大きいのは、教室やスクールを構えていて、そこに生徒・学生を集めてサービスを提供している事業者です。具体的には、学習塾や語学などのスクールが当てはまります。他にも集合型の研修を行っている事業者も含みます。

　こうした事業者は事業拡大のためには教室数の拡大や、教室あたりの生徒数を増やすための人員を積極的に募集しているところが多かったのですが、コロナウィルスの影響以後は実教室での人材募集はかなり減っています。

　2020年の秋以降は春から夏ごろに比較すると求人数は戻ってはいるものの、以前と比べれば、求人の絶対数は減っていますし、採用の難易度も上がっています。

　ネガティブな影響を受ける事業者、サービスが有る一方で、コロナ影響で大きくユーザー数や利用が進んでいるサービスもあります。

　それはオンライン教育のサービスです。

　学校教育にオンラインで授業を提供するようなサービス、オンラインの語学やプログラミングの学習サービス、学習を支援するシステム、ウェブサービスを提供する事業者、eラーニング型の研修を提供する事業者などは大きく業績を伸ばしており、それに合わせて人材の募集も積極的に行っています。

　こうした企業では、様々な職種で積極的に募集が行われています。例えば、サービスの導入を顧客に行う営業、これは個人に対する営業もそうですし、法人に対する営業も積極的に募集が行われています。さらに、サービスの利用が決まったあとにより良くサービスを使ってもらうためのカスタマーサクセス、カスタマーサポート、コーチングスタッフなどの募集も増えています。また教材をオンライン、デジタル対応するため

の教材やコンテンツの制作、編集、動画編集者なども募集が多くあります。事業をオンライン・デジタル化していくための計画を立案・実行していく新規事業開発や事業推進担当などの募集もあります。エンジニアの募集は以前から継続してありますが、どの企業・サービスも積極的にエンジニアは募集しています。

　教育現場のオンライン化、学習サービスのオンライン化・デジタル化は今後も成長が予想されるので、この時期に転職しておくのは、成長の波に乗れるのでよいのではないでしょうか。

　成長している業界・産業に従事することで、昇格や昇給のチャンスも増えますし、事業自体も刺激的なものが多くなる可能性が高いです。

　現在はオンライン系の事業を行っていないもしくは注力してこなかったが、今後そういったサービス、領域に力を入れていくという企業も多く、チャンスが豊富です。教育関連のサービスや事業に関心があり、転職を考えている方にとってはある意味良いタイミングと言えるのではないでしょうか。

転職活動前に
押さえるべきポイント

　前Chapterまでは、教育業界のトレンドや実際に働く場合にどういう企業があり、どういう仕事があるのかをまとめました。本Chapterでは、実際に今の仕事から他の仕事に転職する場合に知っておきたいことについてまとめています。

　教育業界に限らず転職活動全般に当てはまる内容としました。教育業界だけではなく、様々な業界への転職の選択肢として検討している方にも役立つ内容になっています。

Section 1

転職活動と就職活動の違い

　総務省の「労働力調査」（2020年2月）によると、2019年の転職者は351万人で、比較可能な2002年以降で最多となっています。また、就業者に占める転職者の割合は、2018年から2019年にかけて、15〜24歳と25〜34歳の層がともに大きく伸び、2019年にはそれぞれ12.3％、7.8％と2008年以来の水準になっています。55〜64歳、65歳以上の年齢層でも2年連続の増加で、それぞれ4.4％、2.4％と過去最高となりました。

　以前に比べれば転職は一般的になってきたとはいえ、転職活動をしたことがない方も多くいらっしゃいます。

　また新卒で社会人になって数年勤めた方は、就職活動以外で、企業の入社方法を知らない方も多いでしょう。一度でも転職活動をしたことがある方にとっては当たり前と思われることも含みますが、新卒採用と中途採用の違いについてまとめています。

就職活動はポテンシャル採用、中途採用は即戦力採用

　就職活動と転職活動の最大の違いは、企業の採用目的でしょう。

　企業の側からすると就職活動は新卒採用、転職活動は中途採用と言い換えられますが、新卒採用はポテンシャル採用、中途採用は即戦力採用です。

　新卒は、一部の職種別採用を除いて、何か特定のスキルを期待されているわけではなく、中長期的な視点、育成前提で採用が行われます。

　経団連が実施している、「新卒採用に関するアンケート調査」（2018年度）によると、新卒採用の選考時にあたって重視している点は、「コミュニケーション能力」「主体性」「チャレンジ精神」などが資質と呼べるものが上位で、「専門性」「語学力」などの具体的なスキルの割合は高くありません。

　一方で、中途採用では即戦力を求めます。

　中長期的に見て活躍してくれればよいと考えているわけではなく、すぐに戦力として活躍してくれることを期待しています。

　そのため、採用における要件も新卒採用よりも具体的になります。営業経験3年以上、業界経験3年以上など、特定の経験やスキルを求められます。

　労働制作研究・研修機構が行った「企業の多様な採用に関する調査」（平成29年12月26日）によると、正社員の中途採用で求める人物像・イメージは、「専門分野の一定度の知識・スキルがある人」という比率が最も高く、中途採用では知識・スキル・経験が求められることがわかります。

　新卒採用と中途採用では、選考方法も大きく異なります。具体的な経験やスキルを問うわけではない新卒採用は、比較的長い選考期間のなかでエントリーシート、グループ・ディスカッション、集団面接、個別面接などが行われます。また質問も抽象度が高く回答しづらいものが見られます。一方で中途採用の選考は比較的短期間（1か月程度）で、職務

経歴書と複数回の個別の面接で行われることが多いです。面接における質問内容も、具体的な経験やスキルを確認されます。

新卒は一括入社、中途は個別入社

　入社の時期も、異なります。新卒は年度代わりの入社が前提となっています。会社によっては複数タイミングの入社時期を設けることもありますが、一定の人数が同時に入社する点は変わりません。一方で中途採用は完全に個別のタイミングで入社します。企業の採用計画上、年度代わりの入社が多くなることはありますが、年度初めなどが決められているわけではなく、できるだけ早く入社してほしいと企業が考えていることが多いです。

新卒は総合職採用、中途は部署ごとの採用

　また配属される部署も大きく異なります。
　新卒採用は一部の職種別採用以外、総合職の採用で配属部署を指定することはできません。希望は出せますが絶対叶うわけではないのです。
　一方で中途採用は、募集自体を部署ごと・ポジションごとに行うことがほとんどで、選考を受ける時点で、入社する部署は決まっています。
　就職活動は、「企業に入社する」、転職活動は、「その企業の特定ポジションに入社する」と考えておくのがよいでしょう。中途採用は希望と異なる部署に配属されることはほぼないため、特定職種で仕事がしたい場合には良い選択肢といえるでしょう。

新卒採用と中途採用の違い

	就職活動（新卒採用）	転職活動（中途採用）
企業の目線	中長期	短期〜中長期
企業の採用目的	ポテンシャル採用	即戦力採用
入社タイミング	一括採用（多くは4月）	個　別
配　属	選べない	応募時に決まっている

Section **2**

転職活動のスケジュール

　同年代の学生がほぼ同タイミングで活動を行う就職活動とは違って、転職活動は個別に行います。そのため、スケジュールなどがイメージできない方も多いのではないでしょうか。

　その方の就業状況、仕事の忙しさ、面接に割ける時間などでも大きく変わりますが、書類選考や面接などを始めて順調に行けば、１〜２か月で内定が出るのが一般的です。内定後、１〜２か月で転職して入社することになります。逆に言えば、１年後に転職したいと考えている場合に選考を受け始めてしまっても、企業の採用ニーズと異なるので、いい結果にならない可能性が高いです。

　逆算すると、転職するタイミングの３〜４か月前に選考を始めるのが無理がなく、かつ選考を受ける企業からしても採用しやすいスケジュールと言えるでしょう。

転職活動のスケジュールイメージ

情報収集（常に行う、終わるわけではない）

⬇

書類選考（2～3週間）

⬇

面接（1ヶ月）

⬇

内定（1ヶ月）

⬇

入社

情報収集（常に行う、終わるわけではない）

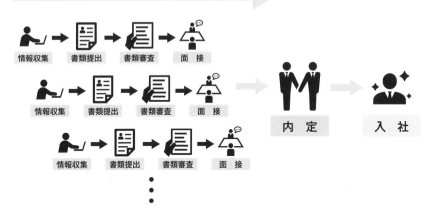

理想のスケジュールを余裕を持って立てておく

　転職活動を上手く行うためには余裕をもったスケジュールで行動する
のがよいでしょう。仕事やプライベートの都合などで急遽時間が取れな
くなることや思いの外選考が上手く進まない可能性もあります。そうし
たタイミングでズルズルとスケジュールがズレて、転職活動を中止せざ
るを得なくなってしまうかもしれません。

　まずは、いつ入社を目標に転職するという理想を定め、そこから逆算
して行動していくのが良いでしょう。個人でスケジュールを立てるのは
不慣れだと難しいので、転職活動で転職エージェントを活用し、希望の
入社時期を伝えれば、それに合わせてスケジュールを組み立て、交渉も
してくれるので便利です。

転職活動のスケジュールで考慮しておきたいこと

- プライベートの予定

- 現職の規定

- 賞与支給時期

- 現職の繁忙期

- 転職市場の動向

教育業界の転職スケジュール

　教育業界への転職を考える際にも、今まで説明したような内容と大差ありませんが、他の業界に比べてやや特徴があるとすれば、年度末から年度始まりに求人募集が集中しやすいことでしょうか。学校現場はもちろん、学習塾・予備校なども年度に合わせて動いています。

　そのため業務のサイクルが4～3月（おおよそ）で回っていることが多く、それに合わせて求人も年度始まりの入社（3～5月）を想定したものが多い傾向にあります。教育業界への転職を考えるのであれば、3～5月向け入社つまり募集自体は年末から年始にかけて行われることが多いことを覚えておきましょう。

　これはあくまでも傾向なので、他の時期でも募集はありますし、求人タイミングは運の要素も大きいので、希望されるものがある場合は待つ必要はありません。

Section **3**

転職と年収

　転職を検討する人の多くが年収を理由にしています。

　一方で、年収に関しては誤解を生んでいることも多いので、ここでは転職活動を始める前に知っておきたい内容をまとめています。

転職するからといって年収が上がるわけではない

　転職サイトや転職エージェントの広告やホームページなどを見ると、「年収100万円UP」「○○万円→□□万円」など、年収アップに成功した転職の事例が多く掲載されています。

　こうしたものを目にすると、転職をすれば年収はUPすると考える方も多いのですが、必ずしもそうではありません。転職をする方の中には、現状維持・ダウンになることも多くあります。

　むしろ転職して、年収が下がったという方も少なくないでしょう。転職＝年収アップではないと心得ておきましょう。

年収が上がるかどうかは、スキルだけで決まるわけではない

　年収を上げたいと転職を考える人は多いですが、その年収がどのように決まっているのかを把握できている転職希望者は多くありません。

　多くの人が誤解しているのが、スキルや経験、資格などを取得すれば年収は上がると考えていることです。間違いではありませんが、年収を上げるためにスキルを磨こうとするのは早道ではありません。スキルの高低は年収に及ぼす影響は大きくないからです。

　それでは、どのように年収が決まっているのかというと、年収に影響を及ぼす順に、

業界＞＞＞職種＞個社＞役職や評価

のような式が成り立ちます。年収に最も大きな影響を及ぼすのは、「業界」なのです。

　例えば、東洋経済新報社の『会社四季報 業界地図 2022年版』には、業界ごとの平均年収が掲載されており、年収の高い業界と低い業界では３倍程度の差があることがわかります。

３倍程度の年収の差

年収の高い業界	年収	>	年収の低い業界	年収
総合商社	1,257万円		ホームセンター・ディスカウントストア	497万円
コンサルティング業界	1,246万円	3倍	百貨店	429万円
医薬品	816万円		介護	420万円

　業界ごとに平均年収が大きく異なるのは、業界ごとに大まかな収益性は決まっており、利益率が高い業界はそれだけ人件費に割くことができるようになっているためです。こうした業界は原価がなく、主要なコス

トが人件費でもあります。

　一部、総合商社のような利益率の低い業態もありますが、総合商社は大きな資本を元に利益率は低いものの巨額の利益を創出しており、人件費に配分できる原資が豊富にあることがあげられます。

　一方で、介護や飲食業に代表されるビジネスは収益性が高くなく人件費に割ける割合が少ないため、どうしても給与水準が上がりません。コンサルティング業界や金融業界の若手の年収が、介護や飲食関連産業の管理職の方よりも年収が高いケースもしばしば見られます。このことは個人のスキルや優秀さといった違いではなく、属する業界が異なることが要因です。このように、年収に最も大きな影響を与える要素は「業界」なので、単純に年収を上げることだけを考えるのであれば、平均年収の高い業界を目指すのが早道でしょう。実際、平均年収の低い業界から高い業界に転職できれば、それだけで年収が大きく上がることも珍しくありません。

　一方で、現在、高い平均年収の業界に属する方が転職しようという場合、異業種に転職すれば大きく年収が下がる可能性があります。

教育業界の年収

　教育業界は、Chapter 2でも解説したように、年収の高い業界ではありません。年収相場の高くない業界から教育業界に転職されるのであれば、年収が上がる可能性は高いですが、平均年収の高い業界から教育業界に転職する場合、一部の企業を除いて年収は下がる可能性が高いです。ただし今までの経験が活かせる職種で大手企業や成長著しいベンチャー企業などへ転職をすれば、かなり良い水準の年収を提示されることも少なくありません。

　一部の予備校の人気の講師はスポーツ選手のような年俸を稼いでいることもありますが、多くの場合、雇用ではなく業務委託として契約しており、成果に基づくものなので、ここでは対象にしていません。

年収が上がりやすい転職、上がりにくい転職がある

　ここまでで述べたように転職で年収を上げるためには、年収の相場がどのように決まっているのかというのを把握しておく必要があります。自分がしようとしている転職が、年収が上がりやすいのか下がりやすいのかを把握しておくのがよいでしょう。

　すべてのケースに当てはまるわけではないですが、年収が上がりやすい転職、下がりやすい転職について、以下の表でまとめています。

	年収が上がりやすい転職	年収が下がりやすい転職
業　界	①平均年収の高い業界 ②同業界	①年収の低い業界 ②異業界
職　種	①平均年収の高い職種に転職 ②同職種	①平均年収の低い職種に転職 ②異職種
企業の立ち位置	①シェアの高い企業 ②成長性の高い企業	①シェアの低い企業 ②成長率の低い企業
ポジション／評価制度	①マネジメントポジション ②成果報酬	①ポジションチェンジ無し

Section 4

転職活動の方法

Chapter 3 では、実際に転職を考える場合にどういった方法があるのかをまとめています。

実際に転職活動をしようと考えた場合に、どういう手法があるのでしょうか。

株式会社マイナビ「転職動向調査2020年版」によると、転職の手段としてもっとも多いのは転職サイト（39.9％）で、転職エージェント（26.8％）、職業安定所・ハローワーク（24.7％）、企業ホームページ（14.9％）、SNSや口コミサイトと続きます。職種によっても差がありますが、近年一般的になっている転職エージェントは約27％で特別高いわけではありません。

上記の調査の対象ではありませんが、紹介や縁故（いわゆるコネ）での採用も実際は多いようです。

様々な転職活動の方法があり、それぞれの手段に一長一短あります。

ハローワークは求人数は多いものの、特定業種や職種に偏りがあります。転職サイトは、サイトのコンセプトに応じた求人が同一フォーマットで比較できます。一方でタイミング次第で求人数は限られます。紹介や縁故であれば、選考への通過可能性は高いですが、一方で選択肢が多くなかったり、条件等の交渉がしづらくなります。転職活動ではなにか一つの手段ではなく、様々な手段で転職活動を行うことができますが、転職エージェントを活用することをお勧めします。その理由を以下に述べます。

Section 5

転職エージェントとは

　転職エージェントは人材紹介事業を行う企業に属し、キャリアアドバイザーやキャリアコンサルタント、転職代理人とも呼ばれます。転職を考えている方と面談を行い、求人を紹介し、企業の採用とマッチングしていく仕事をします。

　住居を借りる場合、不動産の仲介会社に相談・要望を伝え、物件を紹介してもらいますが、それを転職に置き換えたものとすると理解しやすいしでしょう。住宅よりもスペックで決められないソフト面が大事なので、全く一緒ではないのですが、構造としては一緒です。プロスポーツの世界では選手の移籍に関して、代理人が主導して行いますが、そのビジネスパーソン向けと考えて頂ければよいでしょう。

転職エージェントがしてくれること

　転職エージェントは転職を考え始めた段階から、転職先に入社するまでのプロセスを支援してくれます。

転職エージェントが支援してくれる4つのプロセス

1　面談・カウンセリング

2　求人の紹介

3　選考手続き

4　条件交渉

1　面談・カウンセリング

　求職者の方との面談を行い、経歴の概要や転職を検討している背景や理由、希望とする条件などを伺います。今までの経歴や経験を整理し、強みやアピールできるスキルを具体化することも行います。企業や担当するエージェントによって手法は異なります。実際に会うことを前提とする場合や、電話で行う場合もあります。対応時間や曜日なども様々です。特に最近ではZOOMなどのオンラインで面談を行うことも多いようです。

2　求人の紹介

　面談・カウンセリングの最中や後に、転職エージェントから具体的な求人が紹介されます。

　今までの経歴や希望条件から紹介可能な求人がリストアップされま

す。

　紹介される求人は、求職者の方の経験・スキルによって異なりますし、転職エージェントによっても異なります。その転職エージェントが保有している求人を紹介するからです。

　求人票で仕事内容や条件を提示されます。不明点や疑問点があればエージェントに確認ができます。

3　選考手続き

　転職エージェントは選考にまつわる、手続きを代行します。書類選考のための書類提出や面接などの日程の調整を行います。具体的には合否の連絡、選考内容のフィードバック、次回選考の案内を含め転職エージェント経由で行うことになります。

4　条件交渉

　選考に進んだ企業から内定をいただきオファーを頂いたタイミングで条件の交渉をご本人に代わって行います。

　実際には内定が出る前や書類選考に進める段階で、希望の年収や勤務地、就業開始時期などを打診しています。

　こうしたざっくり４つのプロセスで、転職希望者のサポートを行います。

転職エージェントを利用するメリット

　ここからは転職エージェントを利用するメリットについて説明します。転職エージェントを利用するメリットは大きく5つあります。

転職エージェントを利用する5つのメリット

1　非公開の求人を紹介可能

2　想像しない業界・職種・ポジションの紹介を受けられる

3　選考通過率の向上

4　効率的な転職活動が可能

5　条件交渉が可能

1　非公開の求人を紹介可能

　転職エージェントを利用すると、転職サイトやホームページには掲載されていない、一般的には世の中に出回っていない求人を紹介してもらえる可能性があります。

　中途採用は人事情報に密接に関わり、機密性が高く、企業の戦略に直結するため、競合他社に動きを悟られたくない、現在の従業員に募集を知られたくないなど、様々な理由から一般には公開されずに募集が行われることがあります。

　こうした非公開求人が、転職エージェントのみに公開されており、紹介を受けられる可能性があります。重要なポジションや魅力的な求人である場合も多く、求職者にとっては貴重な機会といえるでしょう。

② 想像しない業界・職種・ポジションの紹介を受けられる

　自分で情報収集を行い、関心がある求人にエントリーを行う転職活動だと、そもそも自分の知っている会社・業界だけで進めてしまうことになります。有名企業や知名度のある企業ばかり選択肢にしてしまい、隠れた優良企業をのがしてしまうかもしれません。エージェントを活用することで、自分で探したら出会えなかった、今まで想像したことがなかった魅力的なキャリアの機会が開ける可能性があります。

③ 選考通過率の向上

　転職エージェントを利用して転職活動を行うと、選考の通過率が向上すると言われています。書類選考前には、履歴書と職務経歴書を添削し、通過の可能性をより高めてくれるでしょう。履歴書や職務経歴書の作成は慣れていない方が多く、特に初めての場合、良い経歴書を作成できないものです。転職エージェントがサポートすることで通過率を高めるための書類作成のアドバイスが可能です。面接においてもどんな質問が多いか、企業が重要視すること、どういったアピールをするのが企業に響きやすいかをアドバイスしてもらえることが多く、こうしたことが選考可能性を高めることに繋がります。どういった経験や人材が求められているのかの情報が、自分だけで転職活動を行う場合よりも得られやすく、結果として選考で上手くいくことが多いでしょう。

④ 効率的な転職活動が可能

　転職をする際に、1社のみの選考を受けるのであれば、その調整にそれほど負荷はかからないでしょう。しかしながら多くの場合、複数の企業の選考を進めることになり、同時進行で複数社の面接のスケジュールの調整を行う必要があります。志望度の高さや選考の進捗状況等踏まえ、選考日程を組んでいくのがよいでしょう。しかし、現職を持ちながらの転職活動は負担になることもあります。そうした調整

は全て転職エージェントが代行するので、効率的に転職活動を進められます。

5 条件交渉が可能

　無事に希望しているポジション・企業から内定が頂けた場合でも、諸条件が希望に満たない場合もあります。そういった際に転職エージェントは交渉も代行します。もちろん転職エージェントが代行しても、条件が劇的に変わるわけではありません。

　内定前の段階で、希望年収や入社時期、ポジションは転職エージェントが調整してくれることがほとんどです。本人が直接交渉するよりも、交渉に慣れたエージェントに任せられることは大きなメリットです。

転職エージェントを利用するデメリット

ここまでは転職エージェントを利用するメリットをお伝えしました。転職エージェントを利用するデメリットももちろんあります。ここからは転職エージェントを利用するデメリットを解説します。

転職エージェントを利用するデメリット

1 転職する方向に意思決定が促される可能性がある

2 転職エージェントが保有していない求人は紹介されない

3 選考ハードルが上がる可能性がある

4 かえって手間になることがある

1 転職する方向に意思決定が促される可能性がある

転職エージェントは紹介した候補者が紹介先の企業に入社して初めて売上げになります。相談者や求職者の方が、求人企業に入社しないと、売上になりません。単に相談にのっただけ、サポートを行っただけではその転職エージェントの業績には繋がらないのです。

そのため、転職エージェントによっては、自社や自分自身の業績のため転職するように誘導することがあります。断るのが苦手な方や、相手に説得されやすい方は注意が必要です。

多くの転職エージェントは、客観的に転職する場合のメリット、デメリットを伝え、転職するのか否かの意思決定を促します。しかし、転職する方に意思決定を促す傾向があるのは事実でしょう。それは悪いことばかりではなく、なかなか踏ん切りがつかない場合に転職エー

ジェントの後押しで意思決定できることもあると思います。ただ、自分の意思や考えがないと転職エージェントの話に促されて、転職すべきでないタイミングで転職してしまう可能性もあります。転職エージェントはあくまで転職活動の支援を行っている存在で、意思決定を行うのは自分自身です。参考意見の一つとして最終の判断は自分自身で行いましょう。

② 転職エージェントが保有していない求人は紹介されない

　当たり前ですが、転職エージェントが保有していない求人は紹介されません。世の中には、転職エージェントを利用していない企業もあり、そういった企業のポジションは、紹介されることがありません。自分で探さなければいけないので、見つけられる可能性が高くはありませんが転職エージェントが紹介する求人が世の中のすべての求人なわけではありません。

③ 選考ハードルが上がる可能性がある

　企業は転職エージェントから紹介された人材を採用すると手数料を払うことになります。一方で、自社のHPなどから直接問い合わせが来た場合は手数料を払う必要がありません。

　手数料を払う必要があるため、選考の難易度が上がる可能性があります。特定のスキルに長けた方や経験者の採用であれば、ほとんど不利になることはありません。その方の存在の希少価値が高く、紹介料を払っても積極的に採用する意欲があるからです。ただし、未経験者の採用や、紹介料を払うほどではない求人だと、紹介会社を通じた応募のハードルは上がることがあります。

4 かえって手間になることがある

　転職エージェントは、個人によってスキルにバラツキがあります。会社によって大きな方針はありますが、それよりも個人による当たり外れは正直あります。

　業界や仕事内容への理解が薄く提案される求人が的外れ、レスが遅いなど不満になる対応をされることもあります。効率的な転職活動のためにエージェントを活用したはずがかえって手間になることもあります。こうした場合、担当を変更することもできますし、別のエージェントを利用したほうがよいでしょう。また、複数の転職エージェントを活用される方もいらっしゃいますが、それぞれで担当がつくので、多くのエージェントを利用すると、それぞれの担当と連絡を取らなければ行けなくなるので、手間を考えると、活用するエージェントは2〜3社がよいのではないかと思います。3〜4社面談にいって活用するのが2〜3社程度がよいのではないでしょうか。

Section 6

将来の転職のために「今」できること

　今すぐ転職したい方はもちろん、良い機会があればとか、今すぐではないけどいずれは転職もと考えていらっしゃる方も多くいます。実際、世の中の多くの方は、今すぐ転職したいわけではないけれど、良い機会があれば転職してもいいと考えているのではないでしょうか。

いずれ転職したい人がやっておくべきこと

　今すぐではないけど、いずれ転職したい人がやっておくべきことは、「現在の仕事で成果を出すこと」です。「いやいや転職するかもっていうのに、今の仕事で成果を出す必要なんてあるの？」と思われた方もいるかもしれません。効率を考える方にありがちなのですが、いずれ転職を見据えている方の中には、現職の仕事で本気で成果を出そうと取り組んでいない方もいらっしゃいます。ただ、これは大きな間違いで、「現在の仕事で成果を出すこと」にこだわるべきです。

現在の仕事で成果を出すべき理由

　いずれ転職したいと考える人が、「現在の仕事で成果を出すこと」に
こだわるべき理由の１つ目は、中途採用は即戦力採用で成果の出せる人
材を求めているからです。中途採用は、「即戦力採用」です。将来的に
どのくらい活躍してくれそうかを見据える新卒採用とは時間軸が大きく
異なります。すぐにどのくらい事業に貢献してくれるかの即戦力性が求
められます。その即戦力性を判断する際に、最も重要視されるのが、「前
職での成果」です。

　学歴や社歴、面接での印象なども重要ですが、この前職での成果が最
も重要であることはゆるぎません。

　中途採用の面接においても、

　・現職での仕事内容

　・その仕事で出した成果

　・その成果が出せた理由

はほぼ間違いなく聞かれます。

　この結果が優れていれば、他の要素で多少、満たさないものがあって
も、積極的に採用されるでしょう。例えば、スポーツ選手を獲得する場
合でも、その人の過去の成績を元に判断しますよね？　ビジネスでも一
緒で、その人がどの程度の成果を出してくれそうかが最も重要で、これ
は過去の成果を元に判断されます。現在の仕事で成果を出せば出すほど、
当然、転職活動においても有利になります。こういうお話をすると、「異
業種や未経験の仕事に転職する場合であれば関係ないんじゃないです
か」という質問を頂くことがあります。

　たしかに異業種や異職種の仕事であれば、過去の経験をそのまま活用
できることはできません。ただそれでも過去の成果から行動特性や、物
事に取り組むスタンスなどが評価されます。またそこで培った経験や能
力を抽象化して、次の仕事に活かせることもアピールできます。

　中途採用は即戦力採用なので、未経験領域への転職は基本的に不利ですが、現在の仕事で高い成果を出していれば、その成果が評価されることもあります。

　中途採用は即戦力採用だからというのが、「現在の仕事で成果を出すこと」にこだわるべき1つ目の理由です。

　いずれ転職したい人が、「現在の仕事で成果を出すこと」に集中した方がよい理由の2つ目は、ポジティブに転職しない選択肢を取りやすくなるからです。

　「あれ？　転職するためにっていう話をしてたんじゃないの？」と思われた方もいるかもしれません。いずれ転職しようかなと考える人の多くが、結果として転職しません。そして、それは別に悪いことではないと思います。転職したら人生が好転するという保証もないですし、しなければいけないものでもないです。

　そういう前提がある上で、なぜ現在の仕事で成果を出すことに集中すべきといお話をしているかというと、「ポジティブに転職しない選択肢を選ぶことができるから」です。逆にネガティブに転職しないというのがどういうことかというと、本当は別の仕事がしたい、転職したいと考えているのに、転職ができない状態のことを指しています。ポジティブに転職しないというのは、辞めようと思えばいつでも辞められるけれども、その会社で働くことを主体的に選んでいる状態のことです。そして、このポジティブに転職しない状態は、「現職で成果を出すこと」で実現しやすくなります。

　成果を出している人材であれば、現職での評価も高まるでしょうし、昇給や昇格、やりたい仕事の機会に恵まれる可能性も高くなるでしょう。そうすれば、あえて転職する必要もなくなるかもしれません。成果を出すことで、転職するかどうかの主導権を持てます。このようにポジティブに転職しない選択肢を取れるようになるのが、「現在の仕事で成果を出すこと」にこだわった方がよい2つ目の理由です。

　「今の仕事で成果を出すことにこだわること」が重要で、中途採用は

即戦力採用で、前職での成果が最大の評価ポイントになること、ポジティブに転職しない選択肢をとることができるからと解説しました。

　今、本気で成果を出して現職に取り組むことが、将来の自分を助けてくれることになります。転職するか今の仕事を続けるか迷っている方は、現在の仕事で成果を出すことを忘れないようにしてください。

転職に資格は必要か

　転職活動の相談をしていると、何か資格をとったほうがいいでしょうか？　と質問をいただくことがあります。結論、弁護士や税理士など資格をもっていないとできない仕事をしたい場合を除いて、転職のための資格取得は必要ありません。自身のスキルアップや体系的な学習のためには無駄ではないでしょうが、転職という限定した目的のためであれば不要です。

転職活動では、資格より実務経験の方が重要

　大前提として知っておいて頂きたいことは、転職活動においては、資格の有無よりも、実務経験の方が圧倒的に重要だということです。企業側の中途採用の目的は、会社にすぐ貢献してくれる人材、すなわち即戦力となる人材を求めています。

　資格を持っているが実務経験がない候補者と、資格はないけど実務経験はある候補者がいた場合、ほとんどの場合後者の候補者の方が有利になるでしょう。そのため、転職活動のために資格を取得するというのは本質的ではありません。何を目指すのかによって資格取得をするのか否かを決めるのがよいでしょう。

転職活動において資格は取るべきか

　冒頭にも述べましたが、基本的には転職のための資格取得は必要ありません。しかし、一部例外があります。資格必須の職業に転職する意思が明確なのであれば、当然動き出す必要があります。転職したい、やりたい職業が医師や弁護士、会計士、税理士など、専門資格が必要になる職業の場合は、当然資格を取る必要があります。教育業界であれば、「教員免許」が代表的でしょう。しかし、こうした資格は取得の難易度も高く、取得に時間も費用もかかります。本当に自分がその職業につきたいのか、その資格がなくても叶える方法がないかなどは考えてもよいでしょう。

Chapter 4

転職活動の攻略法

　前Chapterまでは、教育業界の解説や転職活動の一般論について述べてきました。

　本Chapterでは、具体的に転職活動はどのように行っていくと良いのかをまとめています。

Section 1

転職活動の成功とは

　転職エージェントとして多くの方の転職支援を行っていると、日々、「どうすれば転職活動を成功させられるでしょうか」と相談をいただきます。

　これは回答するのが非常に難しい質問です。

　なぜかというと、何を成功とするかは転職を希望される本人しか決めることができないからです。

人によって異なる転職活動の成功

- 有名な企業に入社すること
- 年収を上げること
- やってみたい仕事にチャレンジすること
- 残業のない会社に入社すること
- 休日数を増やすこと

　このように、人によって何を「転職活動の成功」とするかは異なります。実際に転職活動をするとわかりますが、上記の全てが理想的である企業・ポジションはほとんどないでしょう。また、あったとしても実際

に入社できるか、その企業が求人を行っているかどうかはわかりません。転職活動を成功させるには、どうなったら「転職が成功といえるのか」を自分で設定する必要があります。当たり前のように感じられるかもしれませんが、意外と多くの方がこの設定ができていません。そのため、選考途中で迷いが生じ、面接でも考えがぶれているかのような評価を受けて選考がスムーズに進まないこともあります。

転職理由と転職活動の軸を言語化する

とはいえ、「何ができたら、あなたの転職活動は成功ですか？」と聞かれても答えるのは難しいのではないでしょうか。シンプルに考えればよく、まずはなぜ自分が転職をしようと思っているのかを言語化しましょう。

「なんとなく今の環境に満足できない」というような状態ではなく、具体的に何が不満なのか、何を変えたいと思っているのかを言語化するようにしましょう。言語化してもスッキリしないかもしれません。その場合、一度言語化して、そのままにして何度も考えるようにしましょう。一度ではっきりと言語化できる人のほうがまれです。なぜ転職をしようと思ったのかを言語化するのが転職活動の最初にすべきことです。

転職する理由が言語化できたらば、その上でどういう軸、何を求めて転職活動を行うかを言語化しましょう。転職理由がはっきり言語化できていれば、どういう転職活動の軸を設定するかはさほど難しくないはずです。軸は一つでなければいけないように思うかもしれませんが、複数あっても全く問題ありません。面接においても、なぜ転職をしようと思ったのか（転職理由）と、何を優先して転職活動を行っているのか（転職活動の軸）はかなり高い確率で質問されます。初めの段階でこの部分がはっきりしていると求人を選ぶ際にも迷いが出づらいでしょうし、面接の対策にもなっているので、選考通過も高まります。求人を見たり、い

ろいろな口コミサイトを見たくなるかもしれませんが、まず最初にやるべきは、自分の転職理由と転職活動の軸をはっきりさせることです。

MUST条件とWANT条件

　さきほど、転職活動の軸は複数あって問題ないと述べました。というよりも複数あって当然ですので、その中での優先順位や比重を自分の中で決めておく必要があります。

MUST条件とWANT条件

- 絶対転職で叶えたいこと・譲れないこと（MUST条件）

- 妥協しうるができれば叶えたいこと（WANT条件）

　すべてが自分の希望通りになればよいでしょうが、実際にはすべての条件を満たす求人はほとんどなく、何かを得ようとすると何かが得づらくなるトレードオフになっていることがよくあります。

　こうした場合に迷わなくてよいように、自分の中でのMUST条件やWANT条件を定めておくとよいでしょう。このMUST・WANTが定まっていないと、多くの求人がよく見えてしまったり、選考が進んだ段階で何を基準に選んで良いかわからなくなってしまいます。

　そのままなんとなく良さそうな転職すると、ミスマッチになりかねません。このMUST、WANTに関しては、正解はありません。多くの人がしない選択だとしても、自分自身が満足出来るようであればそれでよいものです。また、転職活動を進めていく中で変わる可能性もあります。あくまで現時点でのMUST、WANT条件というのを自分の中で仮ぎめ

しておけばよいでしょう。

Section 2

情報収集

● 様々な手法で情報を集める

　転職活動の情報収集は日常的に行いましょう。これは「転職活動のため」と意識しなくともよいのではないかと思います。幅広くニュースや自分の関心事項にアンテナを張っているのがよいのではないでしょうか。

　情報を収集するためには様々な手法があります。人の話を聞く、ネットニュースを読む、本屋雑誌を読む……などです。

　実際に転職活動を始めて、情報を得ようと思った場合には、情報源は複数持つようにしましょう。

転職活動の情報を収集するための手法

- 人に聞く

- ネットを見る（転職サイト／口コミ／会社HP等）

- 籍／雑誌

- 説明会

手法も複数持ったほうがいいでしょうし、手法の中でもいくつかに分けたほうがいいのではないかと思います。一つのサイトだけを見る、1人の人だけに聞くのは意見や考え方が偏るのでおすすめしません。

十分だと思えば次のステップへ

知識を更新していく必要はありますが、転職の場合、情報収集に使える時間は限られています。もちろん何も調べないのは厳禁ですが、ある程度情報が集まったと思えば、過剰に時間を掛けすぎないことも大切です。選考を始める前に過剰に情報収集しても、選考が通過するかもわかりませんし、実際に訪問・面談した際に印象が大きく変わる可能性もあります。机上で得られる情報には限りがありますので、一定程度調べられたら実際に転職行動を開始してみることをお勧めします。

情報収集のポイント　口コミサイトは疑ってみる

ここで、情報収集で注意すべきことをお伝えします。それは口コミサイトを安易に信じてはいけない、ということです。

口コミサイトは分野を問わず、リアルな評判を知るために非常に有益なものです。

グルメ関連の「食べログ」や家電の「価格.com」、Amazonのカスタマーレビューなど参考にされている方も多いのではないでしょうか。

転職活動をする場合においても従業員や元社員の口コミが掲載されているサイトはいくつかあり、「Openwork」「転職会議」「カイシャの評判」などが有名です。口コミサイトは、見方次第では有益ですが、全て信用してしまうとかえって意思決定しづらくなります。実際に選考を受けている会社や内定をもらった会社に良くない口コミがあって、意思決定で

きなくなってしまう方もいらっしゃいます。

口コミサイトを安易に信じてはいけない理由

1 ネガティブな意見が多くなりやすい

2 タイミングや部署などが考慮されていない

3 主観的な要素が多い

この3点について、詳しく説明していきます。

1 ネガティブな意見が多くなりやすい

口コミサイトは構造上、ネガティブな意見が多くなりやすいです。多くのサービスは口コミを見るために口コミを投稿する必要がある設計になっています。口コミを投稿する人は転職活動を行っていたり、転職活動を検討している人が多いです。現在の勤務先に満足している人は転職活動を行うことはまれなので、投稿している人は何らかの不満を持っている可能性が高いということです。そのため、ネガティブな意見が多くなりやすい傾向があります。また、閲覧する側もネガティブな情報のほうが印象に残りやすいため、そういう前提で見ないとどの会社もネガティブに見えてしまうことになります。

2 タイミングや部署などが考慮されていない

同じ会社でも状況は部署やタイミング、上司、雇用形態、職種によって大きく異なりますが、口コミサイトはそれを一つにまとめてしてしまっています。例えば、1つの会社の中でも営業部門と管理部門などで雰囲気は異なりますし、どの時期に在籍していたのかでも大きく状況は変わりえます。たとえば銀行では支店長によって大きく勤務環境

が変わると言われますが、会社ではなく上司の問題で起こることもあるでしょう。非常に労働環境が悪いとされている会社でも、今は大きく改善されているかもしれません。

　そうしたことが口コミサイトでは理解しづらいです。口コミサイトを見る際は会社全体に言えることなのか、個別の話なのかを判断するのが難しいことを認識しておくとよいでしょう。

3　主観的な要素が多い

口コミサイトには主観的な内容が多数を占めます。

例えば、

・残業が多い

・パワハラがあった

・評価制度があいまい

などの記載や表現は、書き手の印象や感情で書ける内容で、他の人にも当てはまるとは限りません。事実かどうかも疑わしいです。具体的な数字や制度が記載されているものであれば信憑性は増しますが、それも部署や時期によって変わります。

口コミサイトを見るときのポイント

　口コミサイトを転職活動で上手に利用するポイントは口コミの数に注意し、少数意見に左右されないことです。全体の口コミ数が少ない場合は注意しましょう。

　社員数の多い企業は豊富な口コミ数があることが多いですが、社員数の少ない企業は、口コミ数が少ない可能性があります。

　その場合、記載されている情報だけでは実態と乖離する可能性が高いです。口コミ数が少ないとそれが全体の傾向なのか、少数の過激な意見なのか判断しづらいです。

　一定の口コミ数がある場合は大まかな傾向を参考にするのがよいのではないでしょうか。

求人票から企業の本音を読み解く方法

　口コミサイトの見方についての説明が長くなりましたが、次は求人票の読み方を考えます。

　転職活動を始めると転職サイトで様々な求人情報を見たり、転職エージェントから求人票を提示されることがあるかと思います。求人がどれも良く見えてしまって、どういう風に見ればわからないこともあるのではないでしょうか。

　求人票を読むポイントを押さえておくと、企業が本音ではどういう人を求めているのかが理解でき、書類選考や面接で役立てることができます。企業の求人原稿や求人票から、企業の本音を見抜く方法を解説します。

求人票はハードルを下げて作られている

　企業の本音を見抜く方法について解説する前提として、企業がどのように求人票や募集原稿を作成するかを説明します。募集しているポジションの採用担当者は人事の場合もありますし、そのポジションの担当者であることもあります。

　規模の大きくない企業であれば経営者が作成していることもあるでしょう。こうした担当者が、募集を行うポジションの仕事内容や給与などの条件、応募資格などを作成します。

　転職サイトなどの原稿であれば転職サイトの運営企業が取材を行って作成をする場合もありますし、求人企業が自分たちで作成を行う場合もあります。前者はリクナビNEXTやマイナビ転職、エン転職等が当てはまり、後者はWantedlyやGREEN等の転職サイトが当てはまります。

　こうして作成される求人票の応募資格や募集条件はこういう人が来てくれたらいいなという理想形で作られるわけではなく、「こういう人だったら採用する可能性がある」という形でハードルを下げ、間口を広くしていることがほとんどです。

　それは最初から絞り込んだ募集を行っても応募がないことが多く、できるだけ間口を広く取って選考に進んだ人の中から絞り込んでいくという採用をしている企業が多いためです。特にこの傾向は若手向けのポテンシャル採用や営業関連職でよく見られます。

　経験が豊富な方や専門性が高いポジションの求人の場合、最初からかなり具体的な応募条件で絞られていることが多いです。

企業の本音は「歓迎条件」に現れる

　企業の本音、本当にほしいと思っている人材像はどのように見抜けばよいのでしょうか。

　それは、求人票の応募資格の「歓迎条件」を読み解くことです。ほとんどの求人票には、必須条件と歓迎条件が記載されています。多くの方は必須条件に注目して自分が採用される可能性があるかを考えます。もちろん必須条件に当てはまるかは非常に大事です。しかし先述したように求人票はハードルを下げて作られているので、必須条件は選考に進む上での最低条件と言い換えられるでしょう。歓迎条件に記載されていることが企業が本当に求めているものです。例えば、求人票では未経験歓迎と謳い特別な経験を求めていなくとも、歓迎条件に特定の業務経験○○年以上などと記載されている場合、本音は経験者を求めているということです。企業の本音は歓迎条件にあるということを認識しながら、求人票を読み解いてみてください。書類選考や面接においても、できるだけ歓迎条件に近い要素や経験、スキルをアピールすると良いでしょう。

○ 歓迎条件に自分が当てはまらない場合

　ここからは自分が歓迎条件に当てはまっていない場合、どうすべきかを解説します。

　正直、どんぴしゃりで歓迎条件に当てはまる人が他の候補者でいた場合、比較されたら不利になることは言うまでもありません。一方で、必須条件を満たしているのであれば、採用される可能性が全くないわけではないのであきらめる必要もありません。

　特定の業務経験が歓迎条件に記載されていた場合、その業務経験で求められる要素と自分がやってきた経験で共通する部分を探してアピールすることができます。

　例えば、法人営業経験が歓迎条件に記載されている場合は、
　・法人とのやりとりや折衝の経験
　・顧客の要望を的確に把握する力
　・商品やサービスをプレゼンテーションする力
　・業績を達成するための計画を立案、実行する力
　など様々なものに分解できます。

　すべてには当てはまらなくても「自分自身の経験でこういうことができるから貢献できる可能性があります」ということをアピールするようにしましょう。面接だけでなく、書類選考の時点からこうしたことを考えて書類の作成を行えると通過率も変わるのではないでしょうか。

Section 3

書類選考

履歴書は身分証明書

　転職活動時の履歴書の役割は、自分自身の身分を提示する身分証明書のようなものと理解しましょう。名前や学歴、職歴などの基本情報を確認するためのものです。履歴書で確認したいのは、基本情報なので、過不足なく、適切に記入できていれば大きな差がつくものではありません。とはいっても、写真が不鮮明、誤字がある、経歴が間違っているなど、選考する側からすると減点せざるを得ないような履歴書が多いのも事実です。簡単にできることで自身の評価を落とさないよう、記入・作成する必要があります。短い職歴などを記入しなかったり、勤務期間などが不正確な場合がありますが、そういったことが内定後に分かった場合、内定取消しになる可能性がありますので、注意して作成しましょう。

1 履歴書に書いたことは聞かれる可能性がある

　履歴書に記載したことは、面接や選考で聞かれることがあると想定しておきましょう。趣味や特技の欄に何となく記載した場合でも、面接で聞かれることがあります。

　趣味に読書と記載している場合、「最近どんな本を読みましたか？」「どんなジャンルの本が好きですか？」と問われる可能性があります。

スムーズに回答ができればよいですが、しどろもどろになってしまったりすると、「嘘を書いたのかな？」と疑われてしまいます。こうした質問は、選考のためというよりは場を和ませるために聞いていることが多いので、回答の内容が問題というよりも、履歴書に嘘を記載する人と考えられてしまうことがリスクです。記載したことに関しては質問される可能性がある前提で記載しましょう。たまに質問をいただきますが、どういった趣味・特技を持っているかは選考にはほぼ影響を与えません。聞かれた場合に話をする内容があるものを記載しましょう。

2 履歴書でやりがちなミス・減点ポイント

履歴書を書くさいには、次のようなことに注意してください。当たり前のことだと思う方が大半だと思いますが、それでもこうしたミスをした履歴書を見ることがしばしばあります。

履歴書でやりがちなミス

- 誤字がある

- 経歴に不足がある

- 履歴書を提出する企業以外の情報が入っている

- レベルの低い資格、検定試験のスコアなどが入っている

- 聞かれても特に話すことのない趣味などが記載されている

職務経歴書は転職活動の肝

　身分証明書の役割をする履歴書だけでは、企業からするとその求職者が求める人材である可能性がありそうなのかどうか判断がつきません。

　履歴書で伝えた職歴などの基本情報を補足するものとしての役割が職務経歴書にはあります。求職者側すると、そのポジションに自分が適任であることをアピール・プレゼンテーションするためのものということになります。

　選考においては、面接で直属の上司となる人物や、一緒に働く従業員が面接を行うことが多いです。その際に、職務経歴書に記載されている内容をもとに、一緒に働きたい人物か求められるスキルや経験を持っているかを判断します。

　職務経歴書を作成する際には３つのポイントを押さえることが重要です。

職務経歴書作成のポイント

- ● ポイント１：客観的なもの・事実を書くこと

- ● ポイント２：具体的な行動を書くこと

- ● ポイント３：募集ポジションに関連しそうな「キーワード」を盛り込む

1　客観的なもの・事実を書くこと

　職務経歴書には客観的な事実を書くようにしましょう。

　例えば、学校の教員の方だと、「生徒の笑顔が増えました」「生徒に喜んでもらえました」といった表現がよく使われるのですが、これは主観的なもので、客観的な事実とはいえません。笑顔が増えた結果、生徒に喜んでもらった結果、どうなったか他人が聞いても納得できる事実を書きましょう。よく職務経歴書は数字で書くのがよいというアドバイスがありますが、数字は主観的な要素が入りづらく、誰が聞いても理解しやすいものだからです。書類を読む担当者は、多くの場合ご自身の現職のことをほとんどよく知りません。そうした担当者でもイメージがつくように客観的に理解できるような内容の書類を作成する必要があります。

2　具体的な行動を書くこと

　2つ目のポイントは具体的な行動を書くことです。

　先程の例で出したものでいうと、「生徒の笑顔が増えるような授業を行いました」といった内容では、具体的に何を行ったのかが伝わりません。そのために具体的にどんな授業を行ったかを記載するようにしましょう。

　具体的な行動をし、それによってどういう変化がおき、その結果を踏まえてどういう具体的な行動をしたのかという流れで書けると良いでしょう。

3　募集ポジションに関連しそうな「キーワード」を盛り込む

　募集企業の内容に合わせて求めているスキルや経験に近いものを持っていることをアピールできる内容にしましょう。

　詳細を書きすぎるのではなく、「ICT教材」「教材作成」「成績向上」「受験対策」「難易度調整」「カリキュラム」「教科研究」「PowerPoint」などなど、実際の取り組みでどんなことに注力していたのが分かる

キーワードを散りばめ、興味を持ってもらうのがよいでしょう。という
のも企業の採用担当者は日々多くの応募書類に目を通しており、一
つ一つの職務経歴書にじっくり目を通せていないこともしばしばあり
ます。

　そうしたときに、数秒で職務経歴書を読まれるときにひっかかりの
ある・関連しそうなキーワードを書類内に散りばめておくことで、じっ
くり読んでもらえる可能性を高めることができます。

職務経歴書の作成例

前述したポイントを元に、職務経歴書の作成例を紹介します。
　職種によってポイントが変わるわけではありませんが、ここでは教員
の職務経歴書の作成例を紹介します。

職務経歴書の４つの構成要素

1　経歴要約・職務要約

2　職務経歴

3　活かせる経験・スキル

4　自己PR

1 経歴要約・職務要約

例①：小学校教員の場合

　〇〇大学卒業後、〇年間小学校教員として、学習指導や指導計画・カリキュラム作成、生徒指導等に従事して参りました。特に電子黒板やタブレット端末を利用しての授業に注力して取組んでいました。学年はもちろん、学校全体にICT機器・ICT関連教材に導入の推進をしました。その結果、ICT機器を利用した授業・クラスの割合が年間で〇〇増加しました。現在もより良い授業・指導案のためのICT活用に取り組んでいます。

例②：中学校教員の場合

　〇〇大学卒業後、〇年間、〇〇中学校の数学科の教員として勤務しております。学力のばらつきの多い学校のため、幅広い生徒に対応できる授業を行ってきました。クラスに応じて授業の難易度を変更したり、習熟度別の問題を作成・準備を行ったりと、生徒の学習効率を高める授業・指導・カリキュラム作成を行ってまいりました。結果として、毎年おこなわれている学力測定試験の結果が、〇〇点改善されました。

② 職務経歴

　職務経歴は、携わった時期と業務内容が分かるように表にしましょう。勤務先を書く場合、名称・業務内容・規模、自分自身が担った役割を記載するようにしましょう。

例：中学校教員の場合

期　間	業務内容
2012年4月〜2014年3月	【担当職務】 ・中学1〜3年生の社会科指導（授業、授業計画作成、テスト作成、採点等） 【業務内で工夫した点】 ・生徒の習熟度に応じた授業の実施 　学力にばらつきの大きい学校のため、習熟度に応じて授業のやり方を柔軟に変えていました。 　高学力のクラスにおいては、関連する事項を触れたり、生徒に対する問いを文章や因果関係で回答できるものにし、単純な暗記ではなく、背景から理解し、応用問題にも対応できる力を育成することにこだわりました。 　低学力のクラス向けには必須事項・基礎を徹底して行い、必須事項を反復するように授業を行いました。

2014年4月〜 現在	【担当職務】 ・中学1〜3年生の社会科指導（授業、授業計画作成、テスト作成、採点、受験対策用の補講） ・学級担任（学習指導、生活指導、進路指導） ・野球部顧問

【業務内で工夫した点】
・習熟度に応じた授業の改善

　以前から行っていた授業を更に改善しました。基礎・応用〜発展とステップアップできるような発問の仕方、教材の作成を行い、できるだけ個別化できるような指導体制を整えました。
・生徒の意思を尊重する進路指導

　学校や教員、保護者の意図を押し付けるのではなく、生徒の意思を尊重して進路指導を行っていました。

　志望校のレベルが高い場合でも、「無理」「できない」といったコミュニケーションは行わず、現時点とのギャップを把握してもらうように努め、それを埋めるためには何が必要かというのを、理解し行動できるよう、コミュニケーションしていました。

　保護者の方とも協力し、生徒の意思を尊重する進路指導を行っていました。

3 活かせる経験・スキル

活かせる経験やスキルは、タイトルを記載し、具体的なエピソードで補足するのがよいでしょう。また、募集求人にどのようにスキルを生かせるのかが記載されていると、フィットした人材と考えてもらえる可能性が高まります。

例：最難関大学志望者向け数学指導の経験がある場合

大学受験生向けの数学指導では○年の経験と実績があります。

現職では、通常の授業はもちろん、最難関大学を志望する生徒向けの受験対策に注力してまいりました。

苦手な単元を克服するための補講、対策や志望校別の対策も行いました。

結果として所属学校のセンター試験の平均点は○○点向上し、○○大学への合格者数は○○人から○○人に増加しました。

こうした大学受験生向けの指導力は、貴社の○○な業務でも生かせるものと考えております。

例：傾聴力のスキルがある場合

　年代や性別を問わず、相手が言っていることを背景から理解する傾聴力には自信があります。○○年の教員経験では、生徒や保護者の声に耳を傾けることに注力してまいりました。

　生徒によっては言語化が不得意な場合もあるので、質問の仕方を変えたり、質問するシチュエーションを変えることで生徒の本音を引き出す努力を行っていました。保護者も主張が強い人、本音を出さない方など様々な方がいらっしゃいますが、単に言葉を聞くのではなく、その意図・背景を理解することに努めました。こうした相手を理解しようとする傾聴力は、貴社の○○な業務でも生かせると考えております。

教育業界の方が話をしやすいスキルや経験

　上記のようにご自身のスキルを伝えることで採用の可能性は高くなります。そこで教育業界の方が話をしやすいスキルや経験についてまとめておきますので、職務経歴書を書くさいの参考にしてください。

・指導力（科目名や対象レベルなども含めて記載する）
・カリキュラム・教材等の制作経験（科目名・対象レベルなども含めて記載）
・傾聴力・ヒアリング能力
・プレゼンテーション能力
・推進力
・粘り強く物事に取り組む力

などのスキルはアピールしやすく、また求人企業も重視していることが多いので、アピールできるようにしたほうがよいでしょう。

4 自己PR文

　自己PRは、他の欄で記載できなかった内容を織り交ぜ、自分がどのように応募企業で貢献できるかをアピールできる場所です。スキルや現在の業務での課題感、今後取り組みたいこと、仕事へのこだわりなどを記載しましょう。単なる自慢や自分の話にならないよう、応募先企業の仕事とどうつながるのかも合わせて記載できるとよいでしょう。

例：中学校教員の場合

　現職の中学校ではICT教材を活用したカリキュラムの推進を行っていました。教育現場にICT教材の導入を推進する中で、ICT教材がもたらすメリットの大きさ（成績向上・教師の負担軽減）を実感しました。一方で導入へのハードル、導入後の運用のハードルを身を持って理解しました。いかに教育現場を巻き込み味方となる教員の方を増やすかが、こうしたハードルを乗り越える鍵だと感じています。こうした経験は貴社プロダクトの学校現場への導入推進でも活用できるものと考えております。
　どうぞ面接の機会をいただけますよう、よろしくお願いいたします。

　ここで紹介したものはあくまで例で、このまま記載すればよいわけではないですし、企業によって求める人材像は異なりますので、こうすれば絶対に受かるというものはありません。先方に興味を持ってもらえるよう、今までの自分の経験・スキルをわかりやすく伝えられ、それを面接で補足できるような内容にしましょう。

職務経歴書

2021年●月●日現在

氏名：●● ●●

■職務経歴概要

　○○大学卒業後、○年間、○○中学校の社会科の教員として勤務しております。学力のばらつきの多い学校のため、幅広い生徒に対応できる授業を行ってきました。クラスに応じて授業の難易度を変更したり、習熟度別の問題を作成・準備を行ったりと、生徒の学習効率を高める授業・指導・カリキュラム作成を行ってまいりました。結果として、毎年おこなわれている学力測定試験において、○○点改善されました。また、現職へのICT教材・ツール導入の旗振り役として、の教育現場のICT化にも貢献しました。

■活かせる経験やスキル

・指導経験で培った伝える力

　○年間の教員生活における、学習指導には自信があります。生徒の習熟度が大きく違う中、画一的な教え方をするのではなく、習熟度に応じて指導方法を柔軟に変更していました。相手の理解度に合わせて伝える内容を調整し、ただ伝えるのではなく、「伝わる」「理解してもらう」ことにこだわる力は、貴社業務でも活かせると考えております。

・推進力

　現職では、ICTツールの導入担当として、外部の企業との折衝、学校内の導入を推進していました。導入へ懐疑的な職員もいる中で、懐疑的になっている背景を理解し、強要するのではなく、理解していただきながら導入していただくよう働きかけていました。物事を推進するためのボトルネックを把握し、それを解消するために試行錯誤しながら行動出来る力は、貴社業務でも活かせると考えています。

121

・傾聴力

　年代や性別を問わず、相手が言っていることを背景から理解する傾聴力には
自信があります。○○年の教員経験では、生徒や保護者の声に耳を傾けること
に注力してまいりました。生徒によっては言語化が不得意な場合もあるので、
質問の仕方を変えたり、質問するシチュエーションを変えることで生徒の本音
を引き出す努力を行っていました。保護者も主張が強い人、本音を出さない方
など様々な方がいらっしゃいますが、単に言葉を聞くのではなく、その意図・
背景を理解することに努めました。こうした相手を理解しようとする傾聴力は、
貴社の○○な業務でも生かせると考えております。

■職務経歴詳細

○立○○中学校　　20XX年XX月〜現在

期　　　間	業務内容
20XX年XX月〜 20XX年XX月	【担当職務】 ・中学1〜3年生の社会科指導（授業、授業計画作成、テスト作成、採点等） ・学校へのICTツール導入の旗振り役 【業務内で工夫した点】 ・生徒の習熟度に応じた授業の実施 　学力にばらつきの大きい学校のため、習熟度に応じて授業のやり方を柔軟に変えていました。 　高学力のクラスにおいては、関連する事項を触れたり、生徒に対する問いを文章や因果関係で回答できるものにし、単純な暗記ではなく、背景から理解し、応用問題にも対応できる力を育成することにこだわりました。 　低学力のクラス向けには必須事項・基礎を徹底して行い、必須事項を反復するように授業を行いました。

20XX年XX月〜 現在	【担当職務】 ・中学1〜3年生の社会科指導（授業、授業計画作成、テスト作成、採点、受験対策用の補講） ・学級担任（学習指導、生活指導、進路指導） ・野球部顧問 【業務内で工夫した点】 ・習熟度に応じた授業の改善 　以前から行っていた授業を更に改善しました。基礎・応用〜発展とステップアップできるような発問の仕方、教材の作成を行い、できるだけ個別化できるような指導体制を整えました。 ・生徒の意思を尊重する進路指導 　学校や教員、保護者の意図を押し付けるのではなく、生徒の意思を尊重して進路指導を行っていました。志望校のレベルが高い場合でも、「無理」「できない」といったコミュニケーションは行わず、現時点とのギャップを把握してもらうように努め、それを埋めるためには何が必要かというのを、理解し行動できるよう、コミュニケーションしていました。 　保護者の方とも協力し、生徒の意思を尊重する進路指導を行っていました。

■PCスキル/テクニカルスキル

Word、Excel、PowerPoint、Access

■自己PR

　現職の中学校ではICT教材を活用したカリキュラムの推進を行っていました。教育現場にICT教材の導入を推進する中で、ICT教材がもたらすメリットの大きさ（成績向上・教師の負担軽減）を実感しました。
　一方で導入へのハードル、導入後の運用のハードルを身を持って理解しました。いかに教育現場を巻き込み味方となる教員の方を増やすかが、こうしたハー

ドルを乗り越える鍵だと感じています。こうした経験は貴社プロダクトの学校現場への導入推進でも活用できるものと考えております。

どうぞ面接の機会をいただけますよう、よろしくお願いいたします。

以上

職務経歴書（例：教室長/スクールマネージャー）

職務経歴書

2021年●月●日現在

氏名：●● ●●

■職務経歴概要

　○○大学卒業後、新卒で個別指導塾を運営する株式会社○○に入社しました。
　１年目は副教室長として生徒への学習指導、保護者面談、アルバイト講師の研修などに携わりました。苦手教科の点数底上げに注力し、担当生徒の第一志望校合格率100％達成に貢献しました。
　２年目以降は教室長として教室運営全般に携わっております。副教室長として行っていた業務に加え、教室全体の売上管理、新規問合せから入塾に至るまでの営業活動、スタッフの採用などを担当しています。生徒数増加に向けて本部の施策と別に担当教室独自で友人紹介キャンペーンを企画し、３年目には過去最高の生徒数を確保、売上目標120％超えを達成いたしました。

■活かせる経験やスキル

・目標から逆算して考える力

　常に目標は何なのか、ゴールはどこなのかを考え、そこから逆算して考え行動する力があります。学習指導では志望校合格という目標には具体的にどの程度の点数が必要なのかを算出し、その為に必要な行動を洗い出して指導にあたっていました。教室運営においても、目標生徒数や売上を達成する為に、＋αでやるべきことを考え実行し、目標達成に繋げております。この力は、貴社においても業務の目標達成に生かせると考えております。

・適応力

　私は学生時代に塾でのアルバイト経験等はなく、現職業務は未知の世界でした。周囲には塾でのアルバイト経験者が多い中、遜色ないようスムーズに業務や環境に適応するべく、誰よりも多く生徒や講師とコミュニケーションを取りました。その中で「生じた疑問や気になる事はその日に解決する」というルー

ルを自分に設け実行する事で、3ヵ月ほどで周囲にも負けない業務知識を得る事が出来ました。この適応力を生かし、貴社でも早期に業務に適応できると考えております。

・**周囲を巻き込む力**

　現職の業務を通じて、一人でできる事には限界があることを知り、周囲を巻きこみ業務を行う事の重要性を学びました。教室運営においても、スタッフにただ指示をするのではなく、その背景や意図を伝え、時にはもっと良い案・アイディアは無いかと考えてもらう事を重視しました。また、教室内で解決できそうにない事は積極的に本部や他教室の教室長に相談し、私が提起した教室運営の課題が社全体のプロジェクトとして取り上げられたこともありました。

　貴社においてもこのように積極的に周囲と協働することで、より良い成果を残す事が出来ると考えております。

■職務経歴詳細

株式会社○○　　20XX年XX月～現在

期　　間	業務内容
20XX年XX月～ 20XX年XX月	【配属／役職】 ○○教室／副教室長 【担当職務】 ・生徒への学習指導 　担当学年：小学4年～中学3年 　担当教科：英語・数学を中心に主要5教科 　指導形式：1対1、もしくは1対2の個別指導 ・保護者面談 ・進路指導及び面接対策 ・講習会等の付加売上提案 ・アルバイト講師の研修 ・備品管理 【実績】 ・担当生徒の志望校合格率100%

	【業務内で工夫した点】 ・合格ラインから逆算した指導計画 　　志望校合格に向け、志望校の合格ラインと模試の点数からあと必要な点数を教科ごとに算出し、その中でも必要点と乖離の大きい教科を重点的に指導しました。 　　生徒は得意教科や好きな教科に時間を割いてしまう傾向が強かったのですが、「80点→90点にするより50点→70点にする方が簡単だし得点も伸びるよ」と動機づけを行い、着実に総合点をあげるように指導しました。 　　結果、5教科総合点の底上げに成功し、担当生徒が全員志望校に合格する事が出来ました。
20XX年XX月～ 20XX年XX月	**【配属／役職】** △△教室／教室長 **【担当職務】** ・教室の売上および収支管理 ・入塾検討者に対する営業活動 ・講師をはじめとしたスタッフ採用 ・その他、副教室長時に行っていた諸業務 **【実績】** ・生徒純増数エリア内1位（20XX年度） ・売上目標120％超達成（20XX年度） **【業務内で工夫した点】** ・入塾検討者への綿密なヒアリング 　　教室長として生徒数増を実現する為に、まず入塾検討者の入塾率向上を目指しました。その為に、入塾検討時に行うカウンセリングを重視し、生徒・保護者が抱える学習の悩みを丁寧にヒアリングした上で、より具体的な解決提案を行いました。 　　自塾の説明に終始するのではなく、抱えている課題の解決に焦点を当てる事で自塾への期待感を持っていただき、結果65％の方に入塾いただきました（全社平均55％）。

・本部に依存しない集客企画
　　生徒の集客は本部→教室への送客に頼るだけでは、大幅な生徒増は見込めないと考え、自教室でできる取り組みを企画し実践しました。
　　特に既存生徒からの友人紹介に注力し、紹介された生徒には1ヶ月無料で自習室を開放、フリーの講師が勉強を見るようにして塾の良さを体感してもらい、そこから10名以上が入塾に至りました。

　　上記のような取り組みの結果、生徒の純増数でエリア1位となり、年度頭で多くの生徒数を確保できたことから、同年度の売上目標120%超えを達成する事が出来ました。

■PCスキル/テクニカルスキル

Word、Excel、PowerPoint、Access

■自己PR

　現職では教室運営の責任者として売上数字や生徒数に責任を持ち、業務に邁進してきました。元々は子どもが好きという理由で塾業界に入りましたが、数字を追いかける中でよりビジネス全体への関心が高まり、ビジネスパーソンとしての成長を目指したいとの考えから転職を決意しております。

　現在は数値管理や営業業務、学習指導などの幅広い業務に携わり、マルチタスクを行いながら目標を達成する経験を積んでまいりました。その中でも営業業務と目標達成に強いやりがいを感じており、今後は営業職としてキャリアを築いていきたいと考えています。

　法人営業の経験はありませんが、培ってきた目標達成に向けた力や業務への適応力などは、商材や顧客が変わっても生かせる経験であると思っております。

是非一度面接の機会をいただけますよう、宜しくお願い致します。

以上

Section 4

面接対策

　ここからは転職活動の選考における山場である面接について解説します。いくつか注意点を指摘したいと思います。

よく聞かれる質問と回答のポイント

　転職活動の面接では、新卒採用であったようなイレギュラーな質問は多くなく、基本的な内容のものが多いといっていいでしょう。ポテンシャルを見る新卒採用とは異なり、中途採用は今までの実績や経歴、スキルを中心に選考が行われます。そのため、スキルや今まで何をやってきたかなど具体的な質問が多くなります。

1　**「自己紹介をお願いします」「簡単に今までの経歴を説明してください」**

　　１つ目は、自己紹介、経歴に関する質問です。

　　面接の冒頭で聞かれることの多い質問で、かなり高い確率で聞かれます。

　　「自己紹介をお願いします」「簡単に今までの経歴を説明してください」

　　といった聞かれ方をします。

　　質問の意図としては、「ざっとどんな方なのか知りたい」「履歴書や経歴書では確認しているが、改めて本人からどんな方なのか説明して

ほしい。」「面接の基礎となる情報が欲しい」といったことが挙げられます。また、簡単に話をしてもらってその人の説明能力や話し方などを見たいといった意図もあります。

このタイミングで絶対にやってはいけないことがあります。

それは話し過ぎることです。

自己紹介で話すぎてしまうと、途中から面接官もほとんど話を聞いていない状態になってしまうというのがありがちな典型的な失敗パターンです。

過不足なく説明することが重要です。

職務経歴書に詳細は記載していると思いますので、突っ込んで欲しい要素、募集しているポジションに合う要素を中心に簡潔に話すようにしましょう。

あれもこれも話そうとすると、かえって密度が薄くなりますし、深堀されても困るような情報をあえて伝える必要はありません。

面接官としては「話をするってことは何かエピソードや内容があるのかな?」と感じて1つの話題について質問を続けますので、アピールしたい内容や求人ポジションに近い内容を話すことがおすすめです。

話しすぎてしまう人の特徴として面接を自分を一方的にプレゼンテーションする場と考えている方が多いのですが、面接は会話・対話を行う場です。一つの質問に対してシンプルに回答し、会話の中で内容を深堀りされるようにしましょう。

続いて、現在の仕事内容に関する質問です。

② 「現在の仕事内容について教えてください」

こういった聞かれ方をします。

面接官は、職務経歴書に記載された内容は見ていますが、自身の口から詳細を聞きたいと思っています。この質問は、具体的に仕事内容を聞いていくための前フリのようなものなので、この質問の回答で詳細を話しすぎる必要はありません。現在の仕事のミッション、責任範

囲などを大まかに話した上で、主に行っている仕事内容をシンプルに回答しましょう。自己紹介や経歴の紹介では話さなかった現在の仕事の説明をしましょう。この後に、「その組織の中で自分が果たした役割」「その仕事で大変だったこと」「課題に対する解決のアプローチ」「出した成果とその理由」など今の仕事内容の深堀りが始まります。

この仕事内容に関連する質問は、転職活動においては極めて重要です。

それはあなたのスキルを見極める質問だからです。

面接官は、候補者が募集ポジションで発揮できるスキル・能力があるのか見極めたいと考えています。過去の業務経験や実績を元に、それを再現する力があるのかを確かめようとします。回答のコツとしては、単なる結果を話すのではなく、その思考プロセスや行動までの考え方を話し、この人は同じような環境や業務を任された場合、同じような成果が出せそうだと感じてもらうことが重要です。

3 「転職理由を教えてください」

続いて転職理由に関する質問です。

「転職理由を教えてください」

「転職を考えた理由は？」

「転職活動のきっかけは？」

といった聞かれ方をします。

面接官は単純に、なぜ転職しようと思ったのかを知りたいと考えています。

面接官の雰囲気によっては、圧迫されている、問い詰められていると感じられることもあるようですが、ほとんどの場合、単純になぜ転職を考えるようになったか知りたいだけです。間違いがあるものでもないので自信を持って回答しましょう。

転職理由の質問で注意いただきたい点が、同じ内容でも伝え方、言い方によって面接官の印象は大きく異なる点です。

「今の会社だと〜〜できないから」といったような伝え方をすると、現職や前職をネガティブにとらえており、よい印象を与えないことがほとんどです。

「〜〜できない」という、ネガティブなイメージの言葉を使うよりも、「〜〜したい」という未来に対して主体的、ポジティブな言葉を使うとよいでしょう。

例えば、「今の会社だと、新しい企画ができないから」という伝え方よりも、「新たな企画を立ち上げたい」という言葉を使う方が印象が良いです。前者は人のせいにしているような他責の言葉であるのに対し、後者はポジティブな意思が伝わってきます。

こうした言葉のニュアンスが選考時には大きく印象を変えますので、注意をした方がよいでしょう。

「今の会社だと年収が上がらないから」という言い方をされる方は非常に多いですが、そうではなく、「もっと年収をあげたいから」の方が、内容は一緒でも、良い印象になります。

このように聞くと、そりゃそうだ、当たり前と感じられるかもしれませんが、多くの方がこういったネガティブな表現を使い、評価を落としています。少しの表現の差が、大きな評価の差につながります。普段の口癖や思考が現れる部分でもあると思いますので、意識をしておくとよいでしょう。

4 「転職活動の軸を教えてください」

続いて、転職活動の軸に関する質問です。先程の転職理由を踏まえて質問される事が多いです。

「転職活動において重要なことはなんですか？優先順位を教えてください」

といった質問のされ方をします。

面接官は、転職理由を聞いた上でこの質問をしますので、転職理由と論理的に一貫していないと、混乱を生み、良い評価につながりません。

転職理由で「新規事業に挑戦したいから」と話をしていたのに、転職活動の軸を聞かれて「年収を大事に考えています」と言われたら、どっちが大事なんだっけ？と思いますよね。

こうした疑問を抱かせず、納得感を持ってもらうことが重要です。年収を重視するなということでは決してありません。論理的に一貫しているかが重要です。

この質問に対して、ふわふわしていると自信がない、もしくは転職に関して真剣に考えていないと思われます。

転職活動の軸には正解があるものではありません。自信を持って自分の考えていることを伝えるとよいでしょう。また一つだけではなくいくつかあって当然かと思います。その場合、優先順位を問われることも多いので、整理しておくとよいでしょう。

「仕事内容と年収を優先したいが、やりたい仕事内容が最優先だ」という場合もあれば、「生活を重視した働き方をしたいので、休日・勤務時間をもっとも重要視する。仕事内容はある程度妥協できる」といった場合もあるでしょう。転職を通じて何を得たいのかをはっきりさせておくとよいでしょう。

ここを明確に伝えなかったり、見えを張って回答すると、入社後にギャップに苦しむことになるので、正直に回答するのをおすすめします。もちろん相手が納得しやすく、印象のよくなるように回答する努

力はずべきですが、それは言い方や伝え方の話で、内容を変える必要
はありません。

5 「志望理由・志望動機を教えてください」

　最後にして最大の難関であり苦労するのが、志望理由や志望動機です。

　志望理由や志望動機の質問は苦労される方が多いようです。転職
エージェントをやっていると、どう回答すればよいでしょうか？と質
問を受けることも多いです。

　いきなり志望動機をひねり出そうとすると難しくなります。

　転職理由や転職活動の軸を踏まえ、当てはまる求人であることが前
提となるはずです。

　「新規事業にチャレンジしたいので、未経験でも新規事業に取り組
める求人」といった前提があり、中でもその企業で魅力に感じるポイ
ントを伝えられるようにすると話をしやすいのではないでしょうか。

　その前提が当てはまらない場合、そもそも前提としている理由や軸
が本音でないか、選考をしているポジションをそもそも志望していな
いということが考えられます。

　「御社の社風に惹かれて〜」「理念に共感して〜」といった話だけで
は具体性、説得力にかけます。個別性や具体性が高いほど、説得力が
出ます。「個人的にこういう経験・体験をしたから、御社の〜〜に共
感して」という伝え方をすると印象に残りやすいです。

● もっておきたい心構え

　面接での質問に対する回答のポイントを説明したところで、次は面接に臨む心構えをお伝えします。

1　面接は相互理解の場、プレゼンテーションの場ではない

　転職活動の面接を自己PRする場ととらえプレゼンテーションする場と誤解されている方が少なくありません。

　転職活動ではグループ面接は多くありませんが、新卒採用のグループ面接だと、1人で長々プレゼンテーションを始めてしまう人がまれにいます。遭遇した方も多いのではないでしょうか。こういう方は面接の捉え方が間違っています。

　転職活動の面接でも一方的に話す方がいます。実際に面接不通過となる理由の一つに「話が長い・一方的に話をされた」があります。緊張されている方にも多いのですが、不必要にしゃべりすぎないようにしましょう。シンプルに回答を行えば、それに対して面接官が深堀りを行ってくれます。自己PRしなければと焦るのではなく、面接を相互理解の場と捉え会話を行い、お互いの相性が良さそうかを見極めるスタンスで望みましょう。

2　自分が話したいことではなく、相手が聞きたいことを話す

　先程の面接はプレゼンテーションの場ではないにも通じるのですが、面接では相手が聞きたいことを話すことにしましょう。

　意外とできていない人が多いのが質問にシンプルに回答することです。模擬面接を行うと、待ってましたと言わんばかりに覚えている内容を話されるかたがいます。その内容が面接官が聞きたい内容であればよいですが、そうでない場合、面接官にとっては苦痛でしかありません。相手が聞きたいこと・聞こうとしていることに答えるようにし

ましょう。

　面接官は基本的に、

　　・その仕事ができそうか（スキル）

　　・うまく溶け込み組織で成果を出せそうか（スタンス）

　の上記２点を面接で確認しています。

　前者は求人票や求人ポジションを理解していれば、こういう質問がされるだろう、こうした能力を求めているだろうからこの経験に関心があるはずだなどのあたりを付けることもできます。

　できれば面接前に面接官はこういうことを聞きたいだろうから、こういうことを話そうとイメージしておけるとよいと思います。

③　自分も選ぶつもりで臨もう

　先ほど、面接はプレゼンテーションの場ではなく、対話・会話を行うためのものと述べました。ここで覚えておいていただきたいのが、面接は自分が選ばれる場であると同時に、自分も働く場所を選ぶ場であるということです。

　選考に臨んでいる以上、通過したいと考えるのは普通ですが、許容できない条件や考えを受け入れる必要はありません。自分自身も会社を選んでいる立場であるということを忘れずに選考に臨みましょう。自分をごまかして入社したとしても、入社はあくまでスタートにすぎずそのあとの期間を考えれば、最初にできるだけミスマッチがおこらないようにすることも大切です。

4 逆質問：必ず質問を用意する

面接官が逆質問をする目的は様々ですが、大きく分けると、

ⅰ 応募者の意欲や志望度を確かめるため

ⅱ コミュニケーション能力を判断するため

ⅲ 双方の理解を深めるため

の３つに分けられます。

逆質問の１点目の目的は「応募者の意欲や志望度を高めるため」です。企業や応募ポジション等について調べていないと、逆質問をすることはできません。

面接官は逆質問を通じて「質問がない＝会社への興味が薄い＝志望度や意欲が低い」と判断することができます。

２つ目の目的は、コミュニケーション能力の確認です。調べた情報をもとに適切な質問をすることができるかは実際の業務においても重要です。逆質問をすることでビジネスパーソンとして十分なコミュニケーション能力があるかを判断することができます。

３つ目の目的は双方の理解を深めることです。面接で重要なのは「転職する目的と転職によって得たいものを言語化し、自身の考えと企業の募集条件をすり合わせていくこと」です。面接というと候補者が面接官に一方的に質問され、選考されるイメージを持つ方もいますが、自分も企業への理解を深め、選択する場であるということも忘れずにいましょう。

何か気になる点や不明点があれば質問をしてもらい、「自社のことをもっと知ってほしい」「応募先のポジションへの理解を深めてほしい」という面接官の考えからも逆質問は行われます。

逆質問例はネットなどで調べると出てきますが、それを暗記して面接に臨むだけでは不十分です。面接の中で用意した質問への回答を得てしまった場合にも逆質問ができるように用意しましょう。

逆質問を考える３つのポイント

- 事前に調べればわかる内容は聞かない

- 面接官の立場に合わせた質問をする

- 逆質問は自分をアピールするチャンスになりうる

　この３つのポイントを押さえれば、面接官に好印象を与える逆質問を考えることができます。

事前に調べればわかる内容は聞かない

　企業のウェブサイトや採用ページ、求人票等に掲載されているような、調べればわかる内容は聞かないようにしましょう。リサーチ不足とみなされ、志望度・能力ともに低いとみなされます。もし調べてもわからなかった内容を聞く場合は「～と理解していますが、～の部分はこういうことでしょうか。詳細を聞かせてください」というように、「事前に調べた結果、ここまでは理解しているがここから先が知りたい」と伝えたうえで、具体的に質問しましょう。

面接官の立場に合わせた質問をする

　面接官の立場で答えにくい質問はしないようにしましょう。中途採用で面接は通常２〜３回行われ、基本的に毎回面接官は異なります。例えば１次面接で人事が面接官だった場合、評価制度や研修制度については詳しいと予想できますが、実際の業務や今後の戦略については詳しくはないと想定できます。この場合、人事が詳しくないであろうことを質問するのは避けましょう。また最終面接や比較的選考が進んだ段階で役職者や代表などと話す際に、日々の業務の各論の話を聞いても求める回答は返って来ないでしょうし、質問のセンスも疑われま

す。面接官の立場に合わせて質問するようにしましょう。

逆質問は自分をアピールするチャンスになる

　逆質問では相手のニーズにあわせて、
　・性格や長所
　・職務経歴
　・調べた知識（強みや弱み、競合他社との比較）
　・資格やスキル　など
を前置きに、それを活かせるシーンや役割に関する質問などをすると自分のアピールにもつながります。逆質問で「特にありません」と答えるのはもったいないです。一方で自分のアピールをするあまりかえって悪い印象を与えてしまうこともあります。しっかり準備しておけば、逆質問は自分をアピールするチャンスにもなりうると認識しておきましょう。

意外と落ちる最終面接

　中途採用における最終面接の合格率は一般的に50％程度と言われています。意外に低いと思われる方もいるのではないでしょうか。

　その中でも「今までの選考と最終面接での受け答えに矛盾があり、面接官の信頼を失ってしまった」という理由で不採用となるケースが多く見受けられます。「最終面接は顔合わせ程度だろう」という考えから油断してしまい、見送りになることがあります。

　最終面接も、採用・不採用を判断する重要な選考です。

　最終面接官は今までの選考情報を引継ぎ、貴方の情報を把握していますので、ご自身でも今までの選考を振り返り受け答えに矛盾が生じないよう、事前準備を整えるべきでしょう。

　では、具体的に最終面接において注意すべき点とはなんなのか、知っておくべき情報と良くある失敗例をみていきましょう。

1　大前提、最終面接は役職者（役員・社長）

　大前提として、最終面接官は役員や社長など、経営層の役職者であることがほとんどです。

　見方を変えれば、採用における意思決定者であるとも言えます。意思決定者であるため、仮に今までの選考での評価が高くとも最終面接官からの評価が得られない場合、不採用となります。その為、今までの選考で高い評価を得ている場合でも、最終面接の通過率とは関係ないと切り分けて考え、対策・準備を行うことが肝要です（具体的には次項目以降でみていきます）。また最終面接官も人間であり、人間同士の相性が選考結果に与える影響も小さくありません。最終面接前に面接官が分かる場合は、面接官に関する下記のような情報収集は必ず行いましょう。

　　・企業HP・インターネット記事・ブログなど、インターネット検

索して出てくる情報は一通りチェックする

・書籍を出版している場合は書籍を一読しておく

上記を行ったうえで、どのような価値観を持った方なのか、共感できる部分はどこなのかを整理して臨みましょう。

2 １次面接、２次面接と話をしている内容が異なる

最終面接で評価を下げる要因として「それまでの選考と話していている内容が異なる」という点が挙げられます。最終面接官は、今までの選考を通じて【職務経歴／転職理由／他社の併願状況／転職軸／志望動機／入社して取り組みたい事】などの情報を既に持っています。

面接を通じてその確認を行いながら、気になる項目に関しては深堀をしていくという流れが基本となります。その際に、最終面接官が持っている情報と乖離がある場合「一貫性がない／言う事が短期間で変わり信頼できない」と判断され、不採用に直結する要因となります。

上記を防ぐために、日ごろから自身の転職経緯や理由・転職をして叶えたいこと等、ブレることなくいつでも同じように伝えられるよう整理をしておくと良いでしょう。

複数企業を受けている方は、企業によってご自身のアピールポイントを変えていたり、転職理由の伝え方を変えているケースもあるかと思います。そういった方は、各企業の選考ごとにノートに聞かれた内容や回答内容を簡単にまとめるなどして、あとから乖離が生まれないように対策することをお勧めします。

③ 転職理由、志望理由が不明確

　最終面接に限らず、転職活動において重要視されるのが「転職理由／志望理由」です。なぜ現職（前職）を辞めるのか、なぜ自社を志望するのか、その辞める要因・きっかけとなった事は自社に入社することでクリアになるのか、入社後はどうなりたいのか、といった事柄やその一貫性が問われます。

　最終面接の段階で、転職理由や志望理由が曖昧である場合、自己分析ができていない・一貫性や軸のない方との判断になり、評価を下げる要因となります。また最終面接では上記に加え「入社後の具体的なイメージを持てているのか」といった点も判断されます。「志望度が高いのであれば当然そこまで考えているだろう」と面接官は考え質問してきますので、転職理由・志望理由と絡めながら、入社後のビジョンまで話せるようにしておきましょう。

④ 内定をもらえると思い、強気の態度に

　最終面接の段階で、特にそれまでの選考での評価や手応えが良い場合、内定獲得できそうという安心感から面接で強気に出てしまう方がいます。これは最終面接で評価を落とす可能性が高いので、謙虚な気持ちを忘れずに臨みましょう。特にしがちなミスは次のような点です。

・今までの経験・実績について謙虚さを忘れてアピールする

　今までの職務経験・実績を評価されて最終面接まで来ているわけですから、自信を持つことは良いことです。しかし、その経験があるからと言って別の企業で活躍できるかは分からない部分も多々あります。現職の経験・実績はアピールしながらも「自身一人の力ではない」「御社に入社した際には一から学ぶつもりでいる」といった謙虚な面も伝えるよう心がけましょう。

・待遇面や入社日など、自身の希望を前面に押し出す

　最終面接になると、年収などの希望条件や入社日といった具体的な点を面接内で確認されることも多々あります。その際に、現年収より大幅に上の年収を希望したり、自身の都合のみで入社希望日を指定する等の発言は、大きく評価を落としかねません。

　必要以上に希望条件を低く伝える必要はありませんが、先方に納得感を持っていただける範囲で伝えましょう。「きっと受かるだろう」という考えが無意識のうちに面接内で態度となって現れることがあります。最終面接では半分は不採用となるという認識のもと、気を引き締めて準備をすることが何よりも重要です。

　また、覚えておいていただきたいのが、最終面接の時点で条件交渉をするのは遅いということです。企業規模にもよりますが、最終面接時点では人事が候補者の希望年収を踏まえ、内定した場合の条件などを調整していることがあります。そのため最終面接時点では、おおよその条件が決まっていることが多いです。希望の条件を話すのは、選考の初期からにしましょう。

Section 5

内定通知から内定承諾

　最終面接を終え、企業から内定をもらう段階で、一安心される方も多いでしょう。実際、選考の段階ではなくなっているので、緊張感が薄くなる気持ちは理解できます。脅すわけではないですが、内定が出たあとの確認を怠ることが原因で、入社後に「こんなはずじゃなかった……」となることも少なくありません。

　内定が出たからといって安心するのではなく、条件面や自分に期待される役割などをしっかりとすり合わせるようにしましょう。内定を通知され、内定を承諾するタイミングで気をつけることをまとめています。

条件通知書は絶対にもらう

　内定後には条件などが記載されている「条件通知書」を絶対にもらうようにしましょう。転職後に後悔するパターンで最も多いのが、「給与や労働条件が聞いていたものと違った」ということです。口頭で、「年収はこのくらいになる」「休日はこのくらいになる」という話だけで、書面での確認を怠ると、あとあと言った言わないになりますし、根拠がありません。企業が嘘を言うというわけではなく、制度上の誤解が多いこともあります。特に内定通知で提示される年収は、理論年収といって、業績や評価で一定の基準をクリアした場合という前提がある可能性もあるので、正しく理解しておきましょう。また、企業によっては条件通知

書を出さなかったり、条件通知の中でも、報酬の記載が曖昧な場合もあります。後悔につながらないように、条件通知は必ずもらい、その内容を正しく理解しましょう。転職エージェントを介して転職活動を行っている場合、転職エージェントを通じて条件通知書をもらうこともできますし、不明点の解消を間接的に行ってくれる場合もあります。こうしたことが確認でき、納得できた時点で内定を承諾する連絡をするようにしましょう。

内定通知後の条件交渉は難しい

　最終面接の内容でも触れましたが、条件通知が出されてからの条件交渉の難易度は非常に高いです。内定通知書を出すには、企業の決裁フローを経て出されていることが多く、内容を変更するにはもう一度そのフローを経なければいけないことになります。人事担当者としても、「だったらもっと早めに言ってくれよ」となりますので、面接などで希望条件を聞かれた際に、内定を得るだけのために条件を低くすることは避けましょう。

条件以外の期待される役割、仕事内容も理解しておく

　また、条件だけではなく、自分自身に期待されている役割、仕事内容についても確認を行っておきましょう。選考を開始した時点の求人票に内容は記載されているでしょうが、選考を経て自分自身の評価がある程度定まった段階では、さらに具体的に期待されている役割や仕事内容を知ることができます。自分が何を期待されて採用をされているのかを確認しておくことは、入社後にスムーズに仕事を始める、活躍するうえでも非常に役立ちます。

内定承諾後に転職活動を進めることはできるか

　当たり前ですが、転職活動で入社することができるのは1社だけです。どこかの企業の内定を承諾したら、他の会社の選考は終了（辞退）することになります。しかしまれに、どこかの企業の内定を承諾し、そのまま他の企業への転職活動を継続され、そして他の企業から内定が出た場合、当初の内定承諾している企業へは辞退連絡をする方がいます。これは企業に大きな迷惑がかかるため絶対にやらないようにしましょう。特に罰則があるわけではありませんが、マナーや倫理的にやめましょう。

　内定承諾の返事は、1〜2週間程度の返答期限が設けられることが多く、転職活動の進め方によっては、スケジュールが揃わないことがあります。すべての企業の選考を受けたい気持ちは理解できますが、内定を承諾するのではなく、他の企業の選考中である旨を伝え、選考スケジュールを揃えるようにしましょう。

退職交渉

　転職先が決まり、新天地で頑張るぞ！となっているときにつまずくことがあるのが退職交渉です。

　上司に退職の相談をしたら、

・「期待しているのに」と言われた
・激怒されて部屋を出て行かれた
・涙ながらに引きとめられた

などといったことはよく起こります。

　今までお世話になった会社だからこそ不義理なことはしたくないでしょうし、退職を決めているのであれば、スムーズに退職できた方が良いでしょう。

退職交渉のタイミング

　まず、退職交渉のタイミングについて解説します。退職交渉は転職先の企業から内定をもらったあとにしましょう。選考途中では内定がでると決まっているわけではないので想定通りにならないことがあります。人事異動や条件面で転職される方に不利益なことがないとは言い切れません。このような不確実性の要素が多い中で退職交渉をするのは避けましょう。基本的に転職活動を行っていることは現職には伏せておき、転職先企業から内定をもらったあとに退職交渉をしましょう。退職を伝えるタイミングは退職の１〜２か月前が好ましいです。会社の就業規則に「退職申し入れの時期」が設定されていることもありますので、事前に確認しておくとよいでしょう。まれに「退職できない」と相談される方がいますが退職は１つの権利なので、辞められないということはありません。民法の規定上では「退職日の２週間前に申し出れば退職できる」と定められているので、強硬手段として退職することは可能です。しかし、今までお世話になった会社なので迷惑をかけたくないというのは当然です。引継ぎや後任の準備などを考えて、退職交渉は１〜２か月前には行うのが理想のタイミングでしょう。

退職交渉は「相談」ではなく「報告」

　退職を切り出すときのポイントは「相談ではなく報告をする」です。
　当たり前のことのように思えますが、これは非常に重要なポイントです。やってしまいがちなのが、上司に「相談があります」と時間をもらうことです。上司からすると「転職を考えているけど退職を決めているわけではないんだろうな」と伝わってしまい、相談に乗る流れで現職に残るように説得モードになりがちです。これを避けるため「報告があり

ます、○月に退職させてください」と報告をしましょう。

退職交渉される側の心理

　退職交渉となると自分のことを考えがちですが話をされる上司の気持ちも理解しておくとよいでしょう。重要な点は、ほとんどの上司は部下に対しやめてほしくないと思っていることです。その理由は多くの場合、部下が退職すると上司自身の評価が下がるからです。自分の将来を心配してくれていると感情的になる方がいます。もちろんそういう要素もゼロではないと思いますが、上司自身のことを考えている（ことが多い）というのを頭に入れておきましょう。

　明確に評価基準に定められている企業や、具体化されていないけど実質的に評価に響く会社もあります。部下が退職することで間接的に事業の計画や売上に悪影響がでて、結果として上司自身の評価に響くという可能性もあります。

　そうなると上司は当然退職を引き止めにかかります。また、「自分が上司でいる間は退職しないでほしい」と考える上司もいます。

　このような上司は、

　・「次の人事で希望のポジションに行かせる」

　・「このプロジェクトを任せたいと思っていた」

　などといって、とりあえず退職時期を延ばそうとします。しかし、この後に人事異動があり上司部下の関係性がなくなったら、その約束はなかったことにされてしまうことがよくあります。傾向として、上司は部下が退職すると「評価が下がる」という前提があることを理解しておきましょう。この前提を知っていれば相談の時に「私のために」話しているのか、「上司の評価のために」話しているのかを判断しやすくなります。

　たとえば、今までやりたい仕事や希望を伝えてもまったく気にしていなかった上司が、退職の話を伝えたとたんに、「前の話前向きに検討し

ている」とか「希望が叶えられないか人事に掛け合ってみる」というように急に態度が変わる場合は、保身のためといってもよいのではないでしょうか。弊社が転職の支援をした方の中には、こうした上司の変わりようにあきれ、かえって転職の意志が固まったという方も少なくありません。

退職交渉の落とし穴

退職交渉の落とし穴は先述の「退職交渉される側の心理」にも関係します。「退職交渉が終わった！」「できた！」と思っていても、実際にはできていない場合があります。上司が退職の意向を人事や関連部署に伝えていないというパターンです。「この話は預かっておくから」「ちょっと考え直してみたら」等といわれる場合は要注意です。

退職交渉で失敗しないためのポイント

1　口頭のみではなく、書面（メール）で伝える

2　退職日を明確に伝える

3　（可能であれば）上司に進捗の確認をする

1　口頭のみではなく、書面（メール）で伝える
口頭の報告だけでなく書面やメールで退職を伝えることで、言った言わないを避けることができます。

2 退職日を明確に伝える

「退職したいんです」「退職を考えています」のようなあいまいな表現ではなく、

「○月○日までに退職します」「引継ぎを○○までに進めましょう」
と明確に退職日を伝えるようにしましょう。退職に向けた行動も自ら進んで臨めるスタンスがあるとなおよいです。

3 （可能であれば）上司に進捗の確認をする

聞き方が難しいかもしれませんが、できれば上司に進捗の確認をしてください。

・「先日お伝えした件、人事にお伝えいただけましたか」
・「先日の件、部長にお伝えいただけましたか」
・「退職にあたり私が準備しておくことがありますか」
など、さりげなく進捗を確認できるとよいでしょう。

社内の文化にもよりますが、上司がどうしても退職に向けて動いてくれない場合は、人事や上司の上司に直接連絡する手段もあります。その場合でも上司に「退職は決めているので、お伝えいただけないなら私から直接○○に報告します」といったように事前に伝えてから動くようにしましょう。

上記の伝え方はハードルが高いと感じられる方もいらっしゃるでしょう。以前弊社でご支援した方の中には、「今日、部長と話す機会があるので先日の退職の話をしても大丈夫でしょうか？」のように、上司の上司と話す機会があるので話をしてもよいか許可をとるコミュニケーションをされていた方もいました。「何もしてくれないならいいです」というような行動ではなく、伝えてくれている前提で他の方とコミュニケーションをとっても良いか進めていくと、実際に他の方に伝えてくれているかの確認もできますし、上司を責めるニュアンスも減らせるのではないでしょうか。

退職交渉で気持ちが揺らいだら

　退職交渉をしていて現職に引き止められ、「本当に転職すべきか」などと気持ちが揺らぐことがあります。気持ちが揺らいだときに振り返ってほしいのは「なぜ転職をしようと思ったのか」です。現職で転職しようと思った理由がかなえられないのであれば、退職するという決断を変える必要はありません。

　退職交渉の中で「ポジションを用意するよ」「評価していたのに」と声をかけるのは、多くの場合、退職してほしくないためのリップサービスだったりします。本来ならその話は退職交渉がされる前に上司がコミュニケーションしておくべきで、評価していたことも定期的に伝えるべきです。

　このトークに乗って現職に残る決断をしても１〜２年後に同じことが起こる可能性が高いと思いますので、冷静にジャッジしてみてください。

　「いままでお世話になったから」という気持ちではなく、望むキャリアややりたい仕事、求める条件に対して、どちらの選択がいいのかを冷静に判断し、意思決定するのが良いでしょう。自分の人生やキャリアに責任を持てるのは自分だけです。決して上司や会社ではありません。

意思決定後の行動がすべて

　矛盾してしまいますが、どちらを選ぶかに正解はなくて、「意思決定をした先でどうやって頑張るか」の方が重要であると考えています。選択をした時点では正解かどうかは決まっておらず、その後自分自身の行動で、その選択を正解にしていこうというスタンスこそが大切なのではないでしょうか。選択の時点で正解・不正解がないのであれば、意思決定に迷う場合、「どっちが後悔しないか」「どっちがより楽しめるか」を考えて意思決定するのが良いと考えます。

Section 7

入社

　転職活動をして転職先が決まってもそれは終わりではありません。む しろそこからがスタートです。なかでも転職直後〜半年程度が極めて重 要です。ここで上手くやれるかどうかで、転職先で良いキャリアを構築 できるかを左右するといっても過言ではありません。

　転職後半年が重要な理由は、最初の数か月で周囲からの評価が決まる からです。

　周囲は転職して入社してきた人に対して数か月間、「どんな人なんだ ろう」という目で見ています。このタイミングで「できる人」となれば 以降もスムーズに仕事をしていけるでしょうし、「あまりよくない人」 という印象になってしまうと挽回するのは至難の技です。

　最初の数か月で周囲のあなたに対する評価というのは固まっていきま す。この最初の印象による評価は意外と馬鹿にできず、どういう印象に なるかで仕事のやりやすさが大きく変わります。

　転職後半年以内は「良い印象がつくように、積極的に取り組む」こと を心がけましょう。

　これは能力的な意味だけではなく、人間性も重要です。

　能力は半年程度では判断できないので、早く受け入れてもらえるよう な努力が重要といえるかもしれません。

　例えば、

　・積極的に挨拶する

　・前職のルールや経験などをおしつけない、ひけらかさない

・自分からインプットをしにいく

　など難しいことではなくとも、自分から早く会社に溶け込めるように動く行動が評価を決めます。

　中途採用の教育制度がきっちり整っている会社は多くありません。受け身の姿勢ではなく、自ら積極的に周囲の人とコミュニケーションを取り、学びにいくようにしましょう。

　また、結果を出そうと焦って現在の職場のルールや決まりを否定するのではなく、一度は受け入れ、なぜそれがそうなっているのかを理解することに努めるようにしましょう。

　実績のある人ほど前職の経験やルールを早急に持ち込もうとする傾向がありますので、注意してください。論理的に正しかったとしても、感情的に受け入れられない可能性もあります。

　能力的な意味でも、人間性の面でも、早めに受けいれてもらえる状態を作ることが重要です。

入社後半年程度は誰にとっても大変な期間

　新しい環境というのは誰にとっても負荷がかかるものです。転職した直後の新しい職場では、知らない同僚や決まりごと、社内の文化などに慣れていく必要があります。

　そのうえで中途採用には即戦力が求められるので、入社後半年は非常に精神的負荷の高いタイミングと言えます。精神的につらいタイミングなので、良いパフォーマンスを出しづらいかもしれません。一般的にも転職後3～6か月くらいが最も苦労すると言われています。人によってはこのくらいのタイミングで転職した会社をやめてしまうこともあります。しかしこのタイミングを乗り越えられれば、職場のルールや人間関係にも慣れ、パフォーマンスも発揮しやすくなっていきます。慣れない職場で辛いとしても、逆に言えばその時点が底だと開きなおり、上がっていけるよう取り組むとよいでしょう。

Column　WEB面接も主流に

　面接で重要なことは「転職する目的と転職によって得たいものを言語化し、自身の考えと企業の募集条件をすり合わせていくこと」です。これは対面で行う面接でも、WEBで行う面接でも変わりません。面接は企業側と求職者双方が理解を深めていくために行われます。

　そのため、WEB面接の流れやマナーも、対面で行う面接とほとんど変わりません。事前の準備や対策はしっかりと進めた上で、面接に臨みましょう。

WEB面接で気をつけたいチェックリスト

☐ 周囲の騒音、雑音がない場所で受ける

☐ カメラ、照明を確認する

☐ 良い通信環境を用意する

☐ 画像の映りこみを確認する

☐ 清潔感のある服装、身だしなみにする

☐ 充電をフルにする

☐ 緊急連絡先を確保する

Chapter **5**

教育業界への転職事例

　本Chapterでは、弊社がご支援させていただき、教育業界に転職された事例をご紹介したいと思います。異業界から教育業界へ転職した事例と、教育業界から教育業界に転職した事例をご紹介します。

※実在のケースを元にしながら、個人や企業が特定できないように、脚色を行って書いています。あくまで傾向やパターンを知るものとしてお読みください。

Section 1

異業界から教育業界への転職

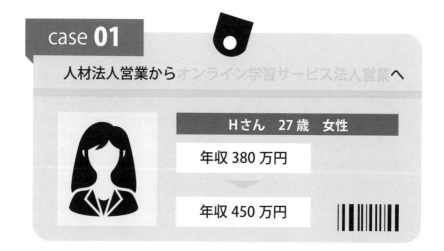

case 01

人材法人営業からオンライン学習サービス法人営業へ

Hさん　27歳　女性

年収380万円

年収450万円

　一人目は、人材業界（求人広告）の法人営業からオンライン学習サービスの法人営業へ転職されたHさんという女性です。

　Hさんは新卒で、人材業界の企業へ入社し、求人媒体の営業として勤務されていらっしゃいました。仕事自体は楽しく、会社の雰囲気や人間関係にも大きな不満があるわけではありませんでした。

　新卒の就職活動では、元々教育学部だったこともあり、教育関係の企業も受けていたようですが、志望度の高い企業には縁がありませんでした。入社した企業はインターンで雰囲気を体感しており、相性も良さそうで、採用の仕事にも興味があったことから入社を決めたそうです。

　そんな中で、20代後半になり一定の経験を積み、学生時代の友人にも

転職される方や結婚される方が増え、自分もこのままでいいのかと考えるようになったそうです。また、当時の職場はハードな割に給与が低めであることも気になっていたようです。活躍しても、ポジションが上がったとしてもさほどの昇給がのぞめない制度でした。

　何かいいところはあるだろうかと漠然とした気持ちでいたところ、ニュースメディアでオンライン教育の取り組みを知り、テクノロジーの活用によって教育現場が徐々に変わろうとしていることを知りました。新卒のときに持っていた気持ちがよみがえり、教育業界で自分自身の営業経験を活かせるものはないだろうか、働く条件も改善される勤務先はないだろうかということで弊社にご相談頂きました。

　Hさんの法人営業経験が活かせ、働き方や給与などの条件が改善されることを前提に、オンライン学習サービスを運営している企業を中心にご紹介しました。持ち前の明るさ、営業での経験が高く評価され複数社から内定をいただくことになりました。中学・高校に自社の学習サービスを提案する法人営業に転職を決めました。

この事例から学べるポイント

- Hさんのように学生時代は教育学部で学び、就職先は異業界だったが、転職活動を行って、教育業界に就職される方は多数いらっしゃいます。

- 人材業界出身者は、比較的教育業界に関心を持たれる方が多く、教育関連の産業に転職される方が目立ちます。

- 20代後半は、自分自身のライフスタイルの変化（結婚など）や友人の転職などをきっかけに、転職を考える方が多いタイミング。企業の採用ニーズも非常に高く、最も転職しやすい年代とも言えます。

- 無形商材の法人営業は、転職市場での評価が高く、選考も進みやすい傾向があります。学校法人にオンライン学習サービスや教材、ツールを提供する事業者は積極的に人材を募集しており、無形商材の法人営業経験者は特に引く手あまたです。

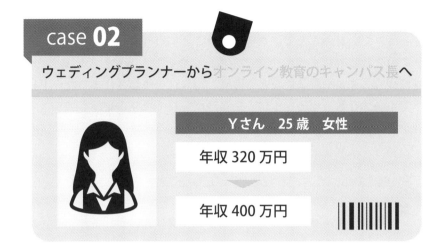

case 02

ウェディングプランナーからオンライン教育のキャンパス長へ

Ｙさん　25歳　女性

年収 320 万円

年収 400 万円

　Ｙさんは大学卒業後、新卒でウェディングプランナーとして勤務されていらっしゃいました。

　勤務時間が長時間である点、土日祝日が休めない点、給与アップが見込めない点などを不満に感じており転職活動を始めました。

　ウェディングプランナーは、あこがれを抱き入社され、仕事のやりがいは感じられるものの、働き方や給与を理由に、転職活動を行う方が非常に多い仕事です。Ｙさんもウェディング業界への憧れが強く、新卒で就職をされました。3年間全力で取り組み、満足感を得ており、働き方や条件を良くしたいという気持ちが徐々に強くなったそうです。

　Ｙさんは当初、教育業界で働きたいと考えていたわけではありませんでした。むしろ教育関係の仕事は土日休みではないから避けたいとお考えのようでした。

　Ｙさんのご要望で年収を上げるのは難しくありませんでした。Chapter 2でも解説したように、年収は業界で決まっていることが多く、ブライダル業界は年収が低いことが多く、異業界への転職であれば比較的年収を上げやすいからです。給与の条件を満たせそうな仕事でかつ土日休み・勤務時間がある程度決まっている通信高校のキャンパス長（担

任のような仕事）をご紹介したところ、今までの経験が活かせそうだし、やってみたいとのことで、選考に臨むことになりました。

　この会社以外にも他の企業での事務職などで内定を得ていましたが、身につくスキルや将来性なども考慮し、入社を決意されました。土日休みでかつ休日数も増え、1日の勤務時間も短くなり、給与もアップする転職をすることができました。

　この事例から学べるポイント

● ブライダル、旅行関連産業の人気は高いが、条件面で数年で異業界に転職する人が多い

● 「教育業界は土日休みがない」「教員免許がないとだめ」のような、事実とは異なる固定観念で対象外にしてしまうことがあるが、意外と選択肢は豊富

● 個人に対する無形商材を担当していた方（ウェディング・旅行・金融）などは、教育関連サービスの個人向けを対象にした仕事と相性が良い

● 平均年収の低い業界からの転職は、年収アップを実現しやすい

case **03**

通信系事業会社の新規事業企画から教育業界大手の事業開発へ

Kさん　31歳　男性

年収 950 万円

年収 950 万円

　Kさんは、大学院卒業後、通信系の事業会社に入社されました。入社後数年はネットワーク関連のエンジニアとして、直近数年は新規事業の立ち上げの企画部署で働いていらっしゃいました。新規事業の立ち上げは志願されておこなっていたようで、非常にやりがいを感じながら働いていらっしゃったようです。ご自身で立ち上げた新規事業が軌道にのり、落ち着いてきたときに、また何か事業を立ち上げたいと考えていらっしゃいました。

　そこでかねてから関心のあった、教育分野で新規事業や事業開発に携われる求人はないかと弊社にご相談を頂きました。現職に何か不満があったわけではなく、給与が下がるようであれば転職しないともお考えでした。

　新規事業や事業開発に企画段階から関われる求人は一定数存在します。ただし、Kさんの水準の年収を満たせるものは多くはないため、選考を希望される求人は多くありませんでした。

　教育業界の大手企業、大手IT企業で教育サービスを展開し始めている企業、急成長中のスタートアップなど、数社程度の候補のみ選考を進めていくことになりました。技術面の素養があり、かつ新規事業立ち上

げの経験のあるKさんの評価は非常に高く、どの企業の選考も順調に進みました。

　最も志望度の高かった、教育業界大手のデジタル教育サービスの事業開発のポジションで無事内定をいただき、条件も満足できるもの（現職と同水準）であったことから、転職を決意されたようです。実は他の企業からもっと良い条件でオファーを頂いていたものの、直属の上司の方とのディスカッションややっていくサービスへの方向性などを話す場で、教育に対する考え方などに最も共感でき、意思決定をされたようです。

　この事例から学べるポイント

- 新規事業立ち上げの経験は、市場価値が非常に高い
- 現職の給与が高く、それを維持・アップさせたい場合、選択肢はかなり限定される
- 何を大事にするのか・妥協できないことは何かを決めておくと、選考企業選び・意思決定などスムーズな転職活動につながる（Kさんは、現職以上の年収が前提にあり、あとはサービスへの考え方などを大切にしていらっしゃいました）

Ａさんは、大学卒業後いくつかのベンチャー企業を渡り歩き、エンジニアとして勤務されていらっしゃいました。直近では、自社サービスを開発する企業のCTO（Chief Technology Officer）をつとめていらっしゃいました。今までのキャリアでは教育業界には縁はなかったようで、特に関心もなかったそうです。

CTOを務めていた、ベンチャー企業の経営状況があまり良くないこと、経営者とあまり良い関係性でないことなども要因としてありましたが、一番はご自身が子育てをする中で、子供の役に立つようなサービス開発をしたいという思いが強くなり、転職を決意されたようでした。

そこで教育関連企業に転職できないかということで弊社にご相談をいただきました。

教育サービスのデジタル化・IT化は大手企業・ベンチャー企業ともに積極的に取り組んでおり、求人は非常に多く、圧倒的な売り手市場です。Ａさんの希望通り子供向けの学習サービス開発を自社で行っている教育関連の企業を中心に選考を進めることに。エンジニアの方の需要は業界問わず非常に高く、教育業界でも例外ではありません。様々なアプリ開発経験の豊富なＡさんは、引く手あまたでした。

　一般論として、ベンチャー企業から大企業への転職は難しいと言われます。そういった企業があることも事実ですが、エンジニアなど確かなスキルや実績が示せるものがあれば、転職は可能です。

　給与はもっと良い条件を提示された企業もありましたが、開発環境や創りたいサービスの方向性など最も相性の良さそうな企業へ入社されることを決められました。

　Aさんのようにご自身の子供、子育て、をきっかけに教育業界に関心を持たれる方は多くいらっしゃいます。年齢的にも20代後半〜30代の方が多く、タイミングとしてもそういう思いになりやすいのかもしれません。

この事例から学べるポイント

● IT関連のエンジニアは教育業界でも非常に需要が高い
● エンジニアは、給与や仕事内容以外にも開発環境・サービスの方向性・技術などで意思決定をされる方も多い
● 結婚、子育てを機に教育業界に関心を持たれる方は非常に多い
● 上記に多い年代かつ、異業界の経験豊富な方は、教育業界の企業にも歓迎されやすい

Fさんは大学卒業後、大手IT企業に入社し、その後現在ではマザーズに上場するSaaS関連のベンチャー企業の黎明期に転職し、カスタマーサクセス部署で活躍されてきました。カスタマーサクセスとは、顧客にサービスを使った良い体験（成功体験）をしてもらうことで、自社サービスに満足してもらい、サービスの継続・高頻度での利用を促す業務です。SasS（ソフトウェアアズアサービス）と呼ばれるサービスの利用を提供する企業が増えたことで一気に需要が高まっており、近年注目を集めています。

一定の役割が果たせたこと、会社として大きくなり、以前のような裁量がなくなってしまってきたこともあり、次の機会を模索され、弊社にキャリアのご相談をいただきました。

オンライン教育に対する関心は以前からあったようでしたが、絶対に教育業界と考えているわけではなさそうでした。自身の経験が生きる場を模索されていたようです。このFさんのように転職活動をされる方のほうが多数派で、必ずしも業界を特定して転職活動しなければいけないわけではありません。Fさんは自身の経験が活かせ、裁量を持って仕事ができる環境を求めていらっしゃいました。

　このカスタマーサクセスという職種は、近年募集が非常に多く、Ｆさ
んのような経歴の方はまさに引く手数多です。こうした需要の高い職種
で経験を積むのはキャリアにとってプラスになる可能性が高いです。

　オンライン学習サービスを運営するベンチャー・スタートアップ、大
手企業をご紹介し、選考に進みました。どの企業からの評価も高く、最
終的に給与条件、また社員の印象、サービスの目指すところなどを勘案
し、学校法人の業務管理ツールを提供するベンチャー企業への入社を決
意されました。大手企業から条件の良いオファーを頂きましたが、選考
で感じた社風の固さ、意思決定が早くなさそうな印象、裁量が小さそう
といったことから大手企業へは断りをいれるかたちになりました。

この事例から学べるポイント

● トレンドとなっており、転職市場に少ない職種（カスタマー
　サクセス等）の経験者の需要は非常に高い。こうした職種
　経験を積みにいく転職はキャリアにプラスになりやすい。
● ベンチャー・スタートアップ経験者は、大企業特有のカル
　チャーが合わないこともある
● 異業種からの転職希望者は、絶対に教育業界と考えている
　方はむしろ少なく、他の業種などと一緒に選考を進める方
　も多い

Section 2

教育業界から教育業界への転職

case 01

教科書出版社からオンライン学習コンテンツ制作へ

Eさん　30歳　男性

年収 400 万円

↓

年収 530 万円

　Eさんは大学卒業後、教科書の出版社で7年程度勤務されていました。
　高校生向けの数学の教科書の編集を行っていましたが、勤務先の業績がかんばしくないことから、将来に漠然とした不安を抱かれていたようです。
　30歳を見据え、今後のキャリアを考えたときに今まで培った経験を活かし、収入面・成長している領域で働ける環境はないかと弊社にご相談いただきました。
　オンラインで学習サービスを提供している企業は、学習コンテンツを制作できる経験者を積極的に募集しており、奪い合いになっています。特に理数系科目、英語教材の制作経験者は引く手数多です。

　Ｅさんも、大手企業からベンチャー・スタートアップまで数社に評価をいただき、サービスも成長しており、給与条件も良い、大手企業への転職を決めました。

　教育業界から教育業界に転職される方は、Ｅさんのように業績が伸び悩む企業から成長企業に転職されるケースが良く見られます。成長企業の多くは、経験を持っている方は積極的に採用します。また、給与条件も改善されることが多いです。

この事例から学べるポイント

● 教材のデジタル化・オンライン化に伴い、教材作成経験者の需要は非常に高い

● 業績の衰退している企業から成長企業に転職すると条件はよくなりやすい。転職時はもちろん、その後の伸びも成長企業のほうが期待できる

case **02**

学習塾から学習塾の教室長へ

Iさん　28歳　男性

年収 350 万円

年収 420 万円

　Iさんは大学卒業後、個別指導塾の運営企業（フランチャイズでの運営）に教室長候補として入社。学生時代からその塾でアルバイトとして勤務しており、そのまま就職することになったのです。

　その企業が今後学習塾の運営に力を入れていくつもりはなく、今の教室を安定的に運営できればよいという考えで、Iさんとしては、自身の条件面やポジションにも限界があると感じ転職を考えていらっしゃいました。また社員も少なく、勤務時間・休日の負荷が高いことも理由の一つにあったようです。

　フランチャイズで学習塾を運営する企業は多くありますが、その企業が積極的に事業を成長させようと考えているのか、安定して運営したいと考えているのか、その考え方が自分の考え方と合うのかは長く働くうえでは大切です。Iさんの場合、就職活動時には熟慮しておらず、数年間働くなかで、環境を変えたいと考えるようになりました。

　弊社にご相談頂いたときには、就職活動をされた経験もなかったため、履歴書や職務経歴書などの書類作成のサポートから手厚くフォローを行いました。

　学習塾の仕事やスクールの仕事には携わっていたいとのことで、学習

塾や予備校、様々なスクールを中心に転職活動を行いました。学習塾以外の企業では選考がうまくいかず良い結果をえられませんでした。

　一方で、学習塾では選考が進み、結果、個別指導で成長されている学習塾運営企業（上場企業）への転職が決まりました。転職時に年収も上がり、休日数や勤務時間の条件なども改善されました。このように同業界同職種での転職の場合は、比較的条件がプラスになることも多いです。ただし劇的な改善ではなく、小幅の改善にとどまることも多いです。繰り返しになりますが、年収は業界でほとんど決まってしまうため、同じ教育業界で転職をしても劇的な改善につながる可能性は低いからです。

ポイント　この事例から学べるポイント

● 教育業界には学生時代のアルバイト先に就職している方も多い。その方が転職する場合、履歴書や職務経歴書の作成、選考対策など転職エージェントを活用し、選考経験不足を補ったほうが良い

● フランチャイズで学習塾を運営している企業の場合、事業の方向性によっては条件の向上や、より良いポジションなどを経験できない可能性がある

● 同業界の同職種への転職は選考がスムーズに進みやすい。劇的な条件の改善は望みづらいが、ある程度のプラスは見込める

case **03**

教員からカリキュラム設計の仕事へ

Oさん　25歳　女性

年収 410 万円

↓

年収 350 万円

　Oさんは大学卒業後、元々志望していた教員（公立中学校）として働いていらっしゃいました。3年ほど勤務されていらっしゃいましたが、業務の負荷（タスクの多さ・部活動などの負担）から長くは続けられないと考え、転職を決意され、弊社に相談にいらっしゃいました。

　教育関連の仕事に携わりたいとは考えてはいたものの、休日や勤務時間の負荷が高くない仕事を希望されていました。その代わり、給与はある程度妥協できるとの話をいただき、教師や講師といった仕事ではなく、事務や営業、教材制作関連の未経験で応募が可能な求人をご紹介し、選考を進めました。

　若手の未経験の転職は、書類選考や面接での通過率が低くなる傾向があるため、志望度の高い企業への個別の対策を行いながら転職活動を行いました。

　結果、通信制高校のカリキュラムを企画・設計する仕事で内定をいただくことができました。土日休み勤務で残業も少ない環境であること、専門性・スキルを高められそうであるという2点が決めてとなり、年収はダウンとなりましたが、転職を決意されました。

　Oさんのように全てを求めるのではなく、何が必須で、妥協できる要

素は何なのかが整理できていると転職活動がスムーズに進みやすいです。

この事例から学べるポイント

- 業務負荷を理由に転職活動を行う教員は非常に多い
- 経験の浅い若手の転職は、書類選考・面接での通過率が低いため、一定の社数を選考に進む必要がある
- 教員の転職は難しい（Chapter 2参照）が、不可能ではない。理想の条件での転職はほぼ不可能だが、妥協したくない条件を得ることはできる

case **04**

教員からオンラインスクールの職員へ

Kさん　30歳　男性

年収450万円

年収480万円

　Kさんは大学卒業後、教員として私立の高校に勤務されていらっしゃいました。

　教科指導や担任に加え、学校のICT化の担当になり、ITツールやデバイスの導入の旗振り役となっていました。そうした中で出会ったICT関連の事業者とコミュニケーションをとる中で、ご自身も教員の経験を活かしてそうした環境で働いてみたいと思うようになったそうです。

　弊社にご相談いただき、学校現場のIT化を推進する事業を行う企業やオンライン教育事業を行う企業をご紹介しました。

　一般的に教員の転職活動は容易ではなく、選考もスムーズに進まないことが多いのですが、Kさんの場合、学校にICT導入をすすめていたという経験が非常にプラスになり、多くの企業からオファーを頂くことになりました。教育現場にITツールやサービスを導入したいと考える事業者にとって、Kさんの現場感覚は、非常に貴重なものと評価されていました。

　結果として、オンラインで運営される学校に今後の可能性を感じ、入社されることを決めました。年収条件はほぼ変化がなく、休日数は多少増えたようです。

　Kさんは元の職場の年収面や休日面にも不満はあったものの、何を大事にするかを最優先すると決めていました。条件で絞っていたわけではありませんが、Kさんをぜひ採用したいという企業から、通常よりも良い条件で内定の条件を出していただけることになりました。

この事例から学べるポイント

● 学校のIT推進、デジタル化は今後大きく期待される市場で、その現場経験は評価されやすい

● 一般論（教員の転職は難しい）に踊らされることなく、自分がやってきたことを整理し、その経験が評価されるポジションで転職を行えば、評価はしてもらいやすい

● 評価が高ければ提示される条件（給与）は自然と良くなる、まずは高い評価を得ることに力を注いだほうが良い

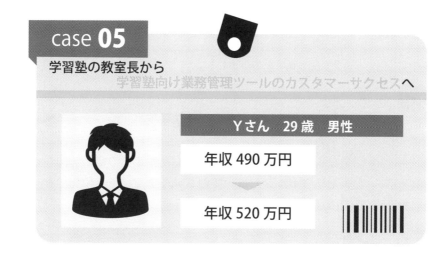

case **05**

学習塾の教室長から
学習塾向け業務管理ツールのカスタマーサクセスへ

Yさん　29歳　男性

年収 490 万円

年収 520 万円

　Yさんは大学卒業後、2社の学習塾で勤務されていました。

　自身の学習塾勤務の経験から、学習塾の運営をより効率的に生産性を挙げられる仕組みはないだろうかと興味を持ったこと、30代を迎える前に、今後のキャリアの可能性が広がるような仕事にキャリアチェンジしたいとのことで弊社に相談をいただきました。

　現在の教育業界では、学習塾向けにオンラインサービスを提供する事業者やデジタル化を支援する企業は多くあります。

　そうした事業者の中で学習塾向けに導入サポートやより良い活用法を企画・提案していくカスタマーサクセスの仕事は適性があるのではないかとご提案しました。前述したように、カスタマーサクセスの仕事の今後の需要の高まりも期待できるため、今までのキャリアも活き、今後のキャリアの可能性も広がるのではないかとお話をしました。Yさんのイメージにぴったりだったようで、いくつかの事業者の選考に進むことになりました。

　複数の塾で現場経験を持つYさんはそうした企業から良い評価をいただくことができました。年収は微増、教育現場での経験を活かしIT関連の領域でキャリアを積むことができるということで、転職されること

を決意されました。

 この事例から学べるポイント

● 同一業界転職時は、同業の複数社経験を評価してもらえることがある

● 完全なキャリアチェンジではなく、今までの経験を生かしたキャリアチェンジは、評価されやすく、さらに先のキャリアにもつながりやすい

Section 3

転職事例のまとめ

　弊社でご支援した方の転職事例をいくつか紹介しました。他にも多くの方がおり、一つとして同じ転職事例はありませんので、あくまで参考にしていただければと思います。ただ、お読みになっていただくと分かるとおり、転職活動がうまくいく方の特徴は、自分自身の軸が明確で、MUSTとWANTがはっきりしていることです。

　全ての条件が理想通りになる求人はありませんし、あったとしても通過可能性は非常に低いものになるでしょう。そうした非現実的な選択肢に固執するのではなく、自分自身が納得できる選択をできるように、自分自身の選択の軸をはっきりさせることが大切です。

　そうした軸が定まらない場合、誰かと話すことで考えがクリアになることもあります。転職やキャリアの悩みは家族や友人にはしづらいという方もいるでしょう。またそうした身近な方が正しい相場観を持っているとも限りません。そうした場合の相談相手として、転職エージェントを活用するのは良い方法だと思います。

おわりに

　最後までお読みいただき、ありがとうございました。

　本書を執筆していた2020年から2021年、新型コロナの流行により大きく生活様式が変わりました。

　教育業界でも、教室や対面の授業や講義を行っていた事業には大きな混乱が見られました。その一方、オンライン教育のサービスに関しては、導入がなかなか進まなかった公教育の分野でも一挙に浸透し、活用が当たり前になりつつあります。

　また転職活動でも、以前はZOOM等を活用したWebでの面接は一部のIT企業で導入されていたのみでしたが、当たり前のものになりました。こうした流れは新型コロナの流行が落ち着いたとしても完全に元に戻ることはないのではないかと感じています。

　本書の「はじめに」では、この本の目的を、【「評論・評価する側ではなく、教育を良くする側になる」つまり、「教育業界に貢献する一員として働くこと」を考えてもらう】と書きました。教育業界は解決すべき課題が多く、試験制度や学習内容の改定、オンライン・デジタル化の移行も進んでいるタイミングです。変化の大きいタイミングは個人のキャリアにとって大きなチャンスと言えるのではないかと思います。本書を読まれた方の中から一人でも多くの方が教育業界に関心を持ち、キャリアの選択肢の一つとして考えていただければ幸いです。

　教育業界専門の転職エージェント「Education Career」にご相談いただいたからといって、転職しなければいけないわけではありません。お気軽にご相談ください。何らかのきっかけや糸口が見つかるかもしれません。

　また、本書を出版することができたのは、これまでご相談いただいた求職者の皆様、求人を依頼していただいているクライアント企業様、真摯に業務に取り組んでいる弊社従業員がいなくてはまとめられないものでした。お礼を申し上げるとともに、今後の事業および事業の成長によって恩返し出来ればと思います。ありがとうございました。

　2021年10月 1 日

株式会社ファンオブライフ

代表取締役　佐久間　健光

参考文献

松岡亮二『教育格差——階層・地域・学歴』筑摩書房、2019年（ちくま新書）

新井紀子『AI vs. 教科書が読めない子どもたち』東洋経済新報社、2018年

新井紀子『AIに負けない子どもを育てる』東洋経済新報社、2019年

佐藤昌宏『EdTechが変える教育の未来』インプレス、2018年

山田浩司『EdTech エドテック テクノロジーで教育が変わり、人類は「進化」する』幻冬舎、2019年

ジョン・カウチ、ジェイソン・タウン、花塚恵訳『Appleのデジタル教育』かんき出版、2019年

クレイトン・クリステンセン、マイケル・ホーン、カーティス・ジョンソン、櫻井祐子訳『教育×破壊的イノベーション　教育現場を抜本的に改革する』翔泳社、2008年

マイケル・B・ホーン、ヘザー・ステイカー、小松健司訳『ブレンディッド・ラーニングの衝撃「個別カリキュラム×生徒主導×達成度基準」を実現したアメリカの教育革命』教育開発研究所、2017年

サルマン・カーン、三木俊哉訳『世界はひとつの教室　「学び×テクノロジー」が起こすイノベーション』ダイヤモンド社、2013年

金成隆一『ルポ MOOC革命——無料オンライン授業の衝撃』岩波書店、2013年

ジョン・ハッティ、山森光陽訳『教育の効果　メタ分析による学力に影響を与える要因の効果の可視化』図書文化社、2018年

アンドレアス・シュライヒャー、鈴木寛監訳、秋田喜代美監訳、経済協力開発機構（OECD）編、ベネッセコーポレーション企画・制作、小村俊平他訳『教育のワールドクラス——21世紀の学校システムをつくる』明石書店、2019年

C・M・ライゲルース、J・R・カノップ、稲垣忠他訳『情報時代の学校をデザインする　学習者中心の教育に変える6つのアイデア』北大路書房、2018年

リンダ・グラットン、アンドリュー・スコット、池村千秋訳『LIFE SHIFT（ライフ・シフト）』東洋経済新報社、2016年

辻和洋、町支大祐、中原淳監修『データから考える教師の働き方入門』毎日新聞出版、2019年

〈著者紹介〉

佐久間　健光

株式会社ファンオブライフ代表取締役
立教大学卒業後、株式会社リクルートに入社。
メディアの営業、商品企画、事業開発を経験。英会話サプリ、資格サプリ、英語サプリ（現スタディサプリEnglish）の事業開発に従事。

2015年6月、リクルートを退職し、教育業界専門の転職エージェント「Education Career」、教育×ITに関するニュースメディア「EdTech Media」を運営する株式会社ファンオブライフを創業。多くの教育系事業会社、スタートアップの幹部クラス、現場メンバークラスで多くの採用支援実績を残す。
1985年生まれ。早稲田大学経営管理研究科修了

教育業界への転職のポイントがわかる本

2021年11月30日　初版第1刷発行

著　者　佐久間　健光
発行者　アガルート・パブリッシング
〒162-0814　東京都新宿区新小川町5-5　サンケンビル4階
e-mail：customer@agaroot.jp
ウェブサイト：https://www.agaroot.jp/

発売　サンクチュアリ出版
〒113-0023　東京都文京区向丘2-14-9
電話：03-5834-2507　FAX：03-5834-2508

印刷・製本　シナノ書籍印刷株式会社